C000271361

Wine & Design

teNeues

Authors and Editors: Christian Datz, Christof Kullmann; adk publishing, Mainz

Imaging: ScanComp, Wiesbaden

Layout: a:dk publishing, Mainz

Translations: SAW Communications, Dr. Sabine A. Werner, Mainz
Dr. Suzanne Kirkbright (English), Céline Verschelde (French), Silvia
Gómez de Antonio (Spanish), Nicoletta Negri (Italian)

Published by teNeues Publishing Group

teNeues Verlag GmbH + Co. KG
Am Selder 37, 47906 Kempen, Germany
Tel.: 0049-(0)2152-916-0, Fax: 0049-(0)2152-916-111
Press department: arehn@teneues.de

teNeues Publishing Company
16 West 22nd Street, New York, NY 10010, USA
Tel.: 001-212-627-9090, Fax: 001-212-627-9511

teNeues Publishing UK Ltd.
P.O. Box 402
West Byfleet, KT14 7ZF, Great Britain
Tel.: 0044-1932-403509, Fax; 0044-1932-403514

teNeues France S.A.R.L.
93, rue Bannier, 45000 Orléans, France
Tel.: 0033-2-38541071, Fax: 0033-2-38625340

www.teneues.com

ISBN: 978-3-8327-9137-7

© 2007 teNeues Verlag GmbH + Co. KG, Kempen

Printed in Italy

Picture and text rights reserved for all countries.
No part of this publication may be reproduced in
any manner whatsoever.

All rights reserved.

While we strive for utmost precision in every detail, we cannot be held
responsible for any inaccuracies, neither for any subsequent loss or
damage arising.

Bibliographic information published by Die Deutsche Bibliothek.
Die Deutsche Bibliothek lists this publication in the Deutsche
Nationalbibliografie; detailed bibliographic data is available in the
Internet at http://dnb.ddb.de.

Contents

Introduction

Over the past few years, the world of wine has undergone a total transformation. While regional traditions once dominated the image of wine, lifestyle and internationality are at the fore today. Many wineries are presenting themselves and their products by means of lavish architecture, stylish tasting rooms, and contemporary label designs. Elegant wine restaurants, wine merchants, and wine hotels also contribute to the revamp of wine's image. Wine lovers are also moving with the times: the new clientele is young, sophisticated, and definitely prepared to plunder the piggy bank to purchase high-quality wine. To indulge in the wine experience, an almost bewildering quantity of items and accessories is now available to give a professional edge to your homespun wine-tasting experience. *Wine & Design* presents a new wine culture across eight chapters, from growing and production to storage and presentation as well as savoring and tasting.

Christian Datz, Christof Kullmann

Einleitung

Die Welt des Weines hat sich in den vergangenen Jahren vollständig verändert. Statt Tradition und Regionalität, die zuvor das Image des Weines prägten, stehen nun Lifestyle und Internationalität im Vordergrund. Viele Weingüter inszenieren sich und ihre Produkte durch medienwirksame Architekturen, elegante Probierräume sowie zeitgemäß gestaltete Flaschen und Labels. Elegante Weinrestaurants, Vinotheken und sogar Weinhotels tragen ebenfalls zum Imagewandel des Weines bei. Entsprechend verändert hat sich der Kreis der Weinliebhaber: Das neue Publikum ist jung, anspruchsvoll und durchaus bereit, für einen guten Wein etwas tiefer in die Tasche zu greifen. Mittlerweile findet sich eine fast unüberschaubare Zahl von Hilfsmitteln und Accessoires, die auch im privaten Rahmen Degustationen auf professionellem Niveau ermöglichen. Der Band *Wine & Design* bietet in acht Kapiteln einen Überblick über die neue Weinkultur – von Anbau und Produktion über Lagerung und Präsentation bis hin zur Verkostung und dem Genuss des Weines.

Christian Datz, Christof Kullmann

Introduction

Le monde du vin s'est totalement transformé au cours des dernières années. Les traditions régionales qui caractérisaient jusqu'ici l'image du vin, se sont effacées devant la tendance lifestyle et l'internationalisation. De nombreux domaines viticoles se mettent en scène, avec leurs produits, au moyen d'architectures médiatiques, de salles de dégustation élégantes et aussi de bouteilles et d'étiquettes ultramodernes. Des restaurants à vin, des magasins de vin et même des hôtels à vin élégants contribuent également à véhiculer une nouvelle image du vin. Les amateurs de vin ont suivi cette évolution : Le nouveau public est jeune, exigeant et tout à fait prêt à mettre davantage la main au porte-monnaie pour un bon vin. Pour apprécier le vin, ce public a d'autre part à sa disposition un nombre presque incalculable d'outils et d'accessoires qui permettent également d'organiser des dégustations à un niveau professionnel dans un cadre privé. L'ouvrage *Wine & Design* donne en huit chapitres une vue d'ensemble de la nouvelle culture du vin, de l'exploitation et la production, en passant par le stockage et la présentation, jusqu'à la dégustation et le plaisir du vin.

Christian Datz, Christof Kullmann

Introducción

El mundo del vino ha cambiado completamente en los últimos años. La tradición y el regionalismo que caracterizaban antiguamente la imagen del vino han dado paso al estilo de vida y a su carácter internacional. Muchas fincas vitícolas promocionan sus productos con una arquitectura de efecto mediático, elegantes salas de cata y un diseño actual de las botellas y las etiquetas. También elegantes vinotecas, restaurantes e incluso hoteles dedicados al tema del vino contribuyen al cambio de imagen de este producto. Y en consonancia, ha cambiado también el círculo de los aficionados al vino: El nuevo público es joven, exigente y dispuesto a pagar algo más por un buen vino. Para el disfrute del vino existe en la actualidad una cantidad casi incalculable de utensilios y accesorios que hacen posible una cata a nivel profesional incluso en el ámbito privado. El volumen *Wine & Design* ofrece en ocho capítulos una visión general de la nueva cultura del vino: desde la elaboración y producción, pasando por el almacenamiento y la presentación, hasta la cata y el disfrute del vino.

Christian Datz, Christof Kullmann

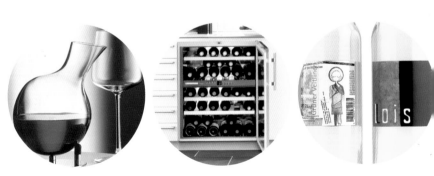

Introduzione

Negli scorsi anni il mondo del vino si è completamente rivoluzionato. Al posto di tradizione e regionalismo, che prima caratterizzavano l'immagine del vino, oggi sono in primo piano il lifestyle e l'internazionalità. Molte cantine presentano se stesse e i propri prodotti con un'architettura ad alto impatto mediatico, locali di degustazione eleganti e bottiglie ed etichette dal disegno moderno. Al cambiamento d'immagine contribuiscono anche eleganti wine restaurant, vinoteche e persino wine hotel. È così cambiata anche la cerchia degli amanti del vino: il nuovo pubblico è giovane, esigente e senz'altro disposto a spendere un po' di più per un buon vino. Per assaporare il vino esiste ormai una quantità immensa di accessori, che permettono di organizzare degustazioni a livello professionale anche a casa propria. Il volume *Wine & Design* offre in otto capitoli una panoramica della nuova cultura del vino – dalla viticoltura e produzione alla conservazione e presentazione, per giungere infine alla degustazione e ai piaceri del vino.

Christian Datz, Christof Kullmann

Wine Bars	Wine Lounges
Weinbars	Weinlounges
Bars à vin	Salons à vin
Bar de vinos	Enoteca-lounge
Wine bar	Wine lounge

Wine Restaurants
Weinrestaurants
Restaurants à vin
Restaurante-enoteca
Wine restaurant

Wine Hotels
Weinhotels
Hôtels à vin
Hotel vitivinícola
Wine hotel

The new international acclaim and intense interest in wine over recent years have produced a new generation of wine bars and wine restaurants. We have waved goodbye to the days when wine was associated with dark taverns and heavy wooden tables. Modern wine bars are refined, cool, and perfectly styled, and sometimes stage their wines in a spectacular fashion. At the *Wine Tower Bar* in London, for example, bottles are stacked up to 43 feet to create a glass "cooling tower" which so-called wine angels scale to retrieve a special bottle from the top. Hotels have also followed the trend, trying to attract a particular clientele with a combination of nature, wellness, and wine products. Premier examples of this approach are the *LOISIUM Hotel* located in Lower Austria or Vienna's *Hotel Rathaus.*

Drinking**Wine**

Der neue Stellenwert des Weins und das breite Interesse am Thema führte in den letzten Jahren weltweit zum Entstehen einer neuen Generation von Weinbars und Weinrestaurants. Vorbei sind die Zeiten, in denen dem Wein das Image dunkler Gasträume und schwerer Holztische anhaftete. Moderne Weinbars sind edel, cool und schick gestaltet und inszenieren ihr Weinangebot auf zum Teil spektakuläre Weise, wie beispielsweise die *Wine Tower Bar* in London, in der sich die Flaschen in einem 13 Meter hohen, gläsernen „Kühlturm" stapeln und einzeln von sogenannten Weinengeln kopfüber kletternd herbeigeholt werden. Auch Hotels setzen inzwischen auf den Imagefaktor Wein und versuchen, mit einer Mischung aus Naturerlebnis, Wellness- und Weinangeboten ein besonderes Publikum für sich zu gewinnen. Als prominente Beispiele hierfür werden hier das *LOISIUM Hotel* in Niederösterreich oder das *Hotel Rathaus* in Wien vorgestellt.

Drinking**Wine**

Le thème du vin représente une nouvelle valeur et suscite un large intérêt qui a favorisé ces dernières années l'apparition d'une nouvelle génération de bars à vin et de restaurants à vin dans le monde entier. L'image des salles d'auberge sombres et des lourdes tables en bois à laquelle le vin était souvent associé est désormais révolue. Les bars à vin modernes se font remarquer par leur style noble, cool et chic et mettent en scène, parfois de manière spectaculaire, leur offre de vins, comme par exemple le *Wine Tower Bar* à Londres, dans lequel les bouteilles sont empilées dans une « tour réfrigérée » en verre de 13 mètres de haut et peuvent être retirées individuellement par des figures appelées anges du vin escaladant la tête à l'envers. Les hôtels aussi misent désormais sur l'impact de l'image du vin et s'efforcent de gagner une clientèle particulière en proposant des offres combinant l'expérience de la nature, le bien-être et le vin. L'hôtel *LOISIUM* en Basse-Autriche ou l'hôtel *Rathaus* à Vienne mentionnés ci-dessous sont particulièrement représentatifs de cette tendance.

RED

Bin N°	
156	CABERNET SAUVIGNON, DON A
152	SALETIEN. MERLOT. VIN
157	IRONSTONE, SHIRAZ GRENACHE, CA
165	YERING STATION, PINOT NOIR
207	TANTALUS, ELDERTON VINEYAH
169	ARROWFIELD , MERLOT
350	PETER LEHMANN, BAROSSA V
351	PETER LEHMANN, SHIRAZ, BA
368	PETER LEHMANN, CAB. SAUV. B
178	VIU MANENT, COLCHAGUA, MAL
139	CASA AZUL MERLOT, 2000
181	CARMENERE PALO ALTO LIMA.
353	ERRAZURIZ, SYRAH RES, ACONC
176	MONTE VERDE , MERLOT
233	GRIBBLE BRIDGE, PINOT N
186	BROUILLY, DOM. CRET DES
185	L'EMBLEME, CAB. SAUV., VIN
133	RIBEAUVILLE, PINOT NOIR, A
197	CLOS DE GAMOT, CAHORS,
201	RASTEAU DOMAINE SAINT GAYAI
352	LOUIS JADOT, BOURGOGNE, PINO
363	COTE DU RHONE, GUIGAL, SYRAHGR
364	ST EMILION, CAVE DE CO-OP MEf
365	CHAT. GUIOT COSTIERES DE NIM
366	DOMAINE DE PLAIGIER SABLET,
372	TAMADA SAPERAVI, 1999
377	MATRASSA CAUCASUS VALLEY
205	YARDEN MERLOT, 1999
216	CHIANTI LEONARDO, CANTINA DI
218	CENTARE NERO D'AVOLA, SICILIA
224	A MANO PRIMITIVO, PUGLIA, 2(
230	HOCHAR PERE ET FILS, CHATEA
231	CHATEAU MUSAR, 1896/1996
235	ST. CLAIR, MERLOT 2001
236	KIM CRAWFORD, PINOT NOIR, 2
237	KIM CRAWFORD, HAWKES BAY
240	QUINTA DE LA ROSA, 1998
251	NITIDA PINOTAGE, 2000
248	KLIEN GUSTOW CAB MERLOT
361	DURBANVILLE HILLS , CAB. SAU
382	GOATS DO ROAM COASTAL, PINOT
261	BODEGAS SOLAR DI URBEZO JOVE
263	PRIMI RIOJA MUGA, 2000
365	TORRES GRAN SANGRE DE TORC
366	LOS LLANOS GRAN RESERVA, V
270	SELIAN CARIGNAN, 2000
273	FIRESTEED, PINOT NOIR, OREGON
	INCREDIBLE RED ZINFANDEL BIN 104, P
292	MORGAN WINERY, PINOT NO
358	IRONSTONE, CAB. FRANC, KAU
360	GLEN ELLEN, CAB. SAUV., 1938
347	BEAUVILLE VINEYARD, COASTA
295	TANNAT PREMIER, 1889
357	MONTES ALPHA, MERLOT
209	HASELGROVE, CABERNET
	BAROLO, NEBBIOLO 199

Drinking**Wine**

El difundido interés por el tema del vino ha contribuido en los últimos años a la aparición de una nueva generación de bares y restaurantes centrados en este caldo. Se acabaron los tiempos en los que el vino evocaba la imagen de oscuros locales gastronómicos con pesadas mesas de madera. Los modernos bares dedicados a este caldo son refinados, elegantes y llenos de estilo, y en parte promocionan su oferta de modo espectacular, como por ejemplo, el *Wine Tower Bar* en Londres, donde las botellas se acumulan en una "torre refrigeradora" de cristal de 13 metros de altura de la que son recogidas una a una por los llamados ángeles del vino, que escalan por ella. También los hoteles apuestan entre tanto por el vino como un factor para mejorar su imagen e intentan atraer a un público especial ofreciendo una mezcla de naturaleza, bienestar y vino. Como ejemplos especialmente famosos se presentan aquí el *LOISIUM Hotel* en la Baja Austria y el *Hotel Rathaus* en Viena.

Drinking**Wine**

Negli ultimi anni il nuovo valore attribuito al vino e il grande interesse per questo prodotto hanno portato alla nascita di una nuova generazione di wine bar e wine restaurant. Sono passati i tempi in cui il vino aveva addosso l'immagine di locali bui con pesanti tavoli di legno: i wine bar moderni sono caratterizzati da un design raffinato, cool ed elegante e talvolta presentano i vini in modo spettacolare, come fa ad esempio il *Wine Tower Bar* di Londra, in cui le bottiglie sono collocate in una "torre climatizzata" di vetro alta 13 metri e dei cosiddetti Angeli del vino si calano a testa in giù a prendere a una a una le bottiglie ordinate dai clienti. Anche gli alberghi puntano ormai sul vino come prodotto d'immagine e cercano di attirare un pubblico particolare con un mix di natura, proposte wellness e attività legate al vino. Presentiamo due esempi prominenti, il *LOISIUM Hotel* in Bassa Austria e il wine *Hotel Rathaus* di Vienna.

Wine is the defining theme of the interiors at Vienna's design hotel Rathaus. A world-class Austrian winemaker acts as co-sponsor for each individual hotel room, and each minibar is stocked with exclusive labels from its prestigious partner. In the wine lounge, guests can enjoy the hotel's exclusive selection of house wines by the glass.

Das Thema Wein durchzieht als Leitmotiv das Designhotel Rathaus in Wien. Für jedes Hotelzimmer steht ein österreichischer Spitzenwinzer Pate, der die jeweilige Minibar individuell mit eigenen Flaschen bestückt. In der Weinlounge kann das exzellente Weinangebot des Hauses glasweise genossen werden.

Le thème du vin imprègne tel un leitmotiv l'hôtel Rathaus très design de Vienne. Un vigneron autrichien renommé a été nommé parrain pour chaque chambre d'hôtel et approvisionne lui-même avec ses propres bouteilles le minibar dont il a la charge. Dans la lounge à vin, la palette de vins complète proposée par la maison peut être dégustée au verre.

El vino constituye el motivo central del hotel de diseño Rathaus de Viena. Cada una de las habitaciones está apadrinada por un viticultor austriaco de primera categoría, que se encarga de equipar personalmente el respectivo minibar con sus propias botellas. En la enoteca-lounge se puede degustar la excelente oferta de vinos de la casa.

Il vino è il filo conduttore che attraversa il design hotel Rathaus a Vienna. Ogni camera dell'albergo ha come "padrino" un produttore top austriaco, che rifornisce in modo individuale il minibar con le sue bottiglie. Nel wine lounge si possono gustare eccellenti vini serviti al calice.

The LOISIUM was created at Langenlois, Austria's largest wine venue. As a hub of viticulture, this wine hotel is not to be missed for its unique and luxurious amenities, including a spa and restaurant. The hotel—as well as the visitors' center—was built according to plans by New York architect Steven Holl.

In Langenlois, dem größten Weinort Österreichs, entstand mit dem LOISIUM ein außergewöhnliches Zentrum für Weinkultur. Dazu gehört auch ein luxuriöses Weinhotel mit Spa und Restaurant, das – ebenso wie das Besucherzentrum – nach Plänen des New Yorker Architekten Steven Holl errichtet wurde.

Langenlois, la localité vinicole la plus importante d'Autriche, a vu la naissance de LOISIUM, centre de la culture du vin exceptionnel. Il comprend également un hôtel à vin de luxe avec spa et restaurant qui a été érigé, de même que le centre destiné aux visiteurs, d'après les plans de l'architecte new-yorkais Steven Holl.

En Langenlois, la mayor localidad vitivinícola de Austria, el LOISIUM constituye un centro extraordinario de la cultura enológica. En el conjunto se integra también un lujoso hotel vitivinícola con spa y restaurante que, al igual que el centro de visitantes, se ha construido siguiendo los planos del arquitecto neoyorquino Steven Holl.

A Langenlois, la maggiore località vinicola austriaca, con il LOISIUM è sorto un centro per la cultura enologica fuori della norma. Comprende anche un lussuoso hotel con Spa e ristorante, realizzato, come pure il centro visitatori, su progetto dell'architetto newyorkese Steven Holl.

Melbourne's wine restaurant The Deanery offers a wide-ranging selection of exclusive wines. Guests can also set aside their individual wine depot, as the restaurant's wine cellar stores their own personalized wine list.

Das Weinrestaurant The Deanery in Melbourne bietet ein umfassendes Angebot exklusiver Weine. Zusätzlich können die Gäste im Keller des Restaurants aber auch ein eigenes Depot mit ihrer ganz persönlichen Weinsammlung anlegen.

A Melbourne, le restaurant à vin The Deanery propose une offre complète de vins exclusifs. En outre, les clients peuvent créer dans la cave du restaurant leur propre dépôt avec leur assortiment de bouteilles personnel.

El restaurante-enoteca The Deanery en Melbourne dispone de una amplia oferta de vinos exclusivos. Además, en la bodega del restaurante, los clientes pueden disponer de una reserva propia con su colección personal de vinos.

Il wine restaurant The Deanery a Melbourne offre un'ampia scelta di vini esclusivi. Nella cantina del ristorante i clienti possono inoltre aprire un deposito con la propria collezione di vini personale.

The Montalto Vineyard is situated at the heart of a beautiful scenic peninsula in southern Australia. The newly built on-site restaurant successfully combines a classic modern architectural language with the simplicity of rather rustic materials like timber and clay.

Das Weingut Montalto liegt inmitten der malerischen Landschaft einer Halbinsel im Süden Australiens. Der Neubau des gutseigenen Restaurants verbindet auf gelungene Weise eine klassisch-moderne Architektursprache mit einfachen, eher rustikalen Materialien wie Holz und Lehm.

Le domaine Montalto est situé au cœur d'une contrée pittoresque dans une presqu'île au sud de l'Australie. Le nouveau bâtiment du restaurant appartenant au domaine combine avec une grande réussite un discours architectural à la fois classique et moderne avec des matériaux simples, voire rustiques, comme le bois et la glaise.

La finca vitícola Montalto se encuentra en medio del fantástico paisaje de una península al sur de Australia. El nuevo edificio del restaurante de la finca reúne de un modo muy conseguido un lenguaje arquitectónico clásico y moderno con materiales rústicos como madera y adobe.

La tenuta Montalto si trova immersa nel pittoresco paesaggio di una penisola nel sud dell'Australia. Nel nuovo edificio che ospita il ristorante della cantina si coniugano armoniosamente un linguaggio architettonico classico-moderno e materiali semplici, piuttosto rustici, quali il legno e l'argilla.

Blair & Co – Craggy Range, Havelock North, Hawkes Bay, New Zealand | 75

Wine Landscapes
Weinlandschaften
Paysages viticoles
Paisaje de viñedos
Paesaggi

Wine Architecture
Weinarchitektur
Architecture viticole
Arquitectura vitivinícola
Architettura

Growing **Wine**

Wine Regions	Wine Cultivation
Weinregionen	Weinanbau
Régions viticoles	Culture de la vigne
Regiones vinícolas	Cultivo del vino
Zone vinicole	Viticoltura

Growing**Wine**

iverse geographical and climactic conditions result in unique cultivated land-capes for growing wine on estates each with their own charm. Depending upon limate and soil type, hanging position, and method of cultivation, characteristic ineyard landscapes created all over the world are an impressive testament to ie fact that wine is as much nature's gift as the product of viticulture. It is ommon for wineries' storage and production facilities to be on-site, while their rchitecture contributes to shaping the scenery. On the following pages, you ill find several distinct examples of the interplay between vineyard architecture nd scenery-monumental building sculptures, such as at the *Bodegas Ysios* by antiago Calatrava, or more subtle buildings, like the *Stryker Sonoma Winery*, iat integrate harmoniously with the surrounding vineyards.

Growing**Wine**

Unterschiedliche geografische und klimatische Bedingungen für den Weinan-
bau führen zu einzigartigen Kulturlandschaften von ganz besonderem Reiz. In
Abhängigkeit von Klima und Böden, Hangneigung und Art der Bewirtschaftung
entstehen die charakteristischen Strukturen der Weinbergslandschaften in den
verschiedenen Erdteilen und belegen eindrucksvoll, dass Wein ebenso sehr
Natur- wie auch Kulturprodukt ist. Nicht selten sind auch die Lager- und Produk-
tionsgebäude der Weingüter unmittelbar in den Weinbergen gelegen und prä-
gen mit ihrer Architektur das Landschaftsbild. Auf den folgenden Seiten werden
einige sehr unterschiedliche Beispiele für das Zusammenspiel von Weinarchi-
tekturen und Landschaften präsentiert – monumentale Bauskulpturen wie die
Bodegas Ysios von Santiago Calatrava, aber auch zurückhaltende Gebäude wie
die der *Stryker Sonoma Winery*, die sich harmonisch in die umgebenden Weinberge einfügen.

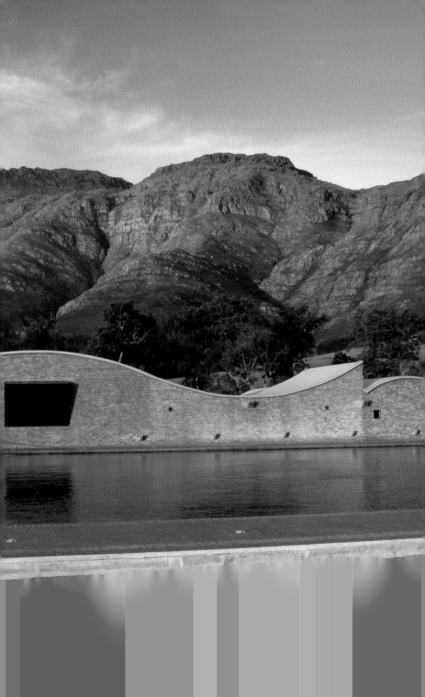

Les conditions géographiques et climatiques différentes de l'exploitation de la vigne engendrent des paysages de culture spécifiques présentant un charme très particulier. C'est du climat et des sols, de la pente des versants et du type d'exploitation que dépendent les structures caractéristiques des paysages des vignobles sur les différents continents, ce qui démontre combien le vin est un produit naturel, mais aussi culturel. Il n'est pas rare que les bâtiments consacrés à l'entreposage et à la production soient directement situés dans les vignobles et imprègnent le paysage de leur architecture. Les pages suivantes présentent plusieurs exemples très différents de l'imbrication étroite entre l'architecture et le paysage des vignobles : on trouve d'une part des sculptures architecturales comme les *Bodegas Ysios* de Santiago Calatrava, et d'autre part des bâtiments discrets, comme le *Stryker Sonoma Winery*, qui s'intègrent harmonieusement dans le vignoble environnant.

Growing**Wine**

_as diferentes condiciones geográficas y climáticas necesarias para el cultivo
de la vid producen extraordinarios paisajes de cultivo con un atractivo muy especial. Dependiendo del clima, el suelo, el grado de inclinación de las laderas y el
tipo de explotación, se crean las estructuras características de las regiones de
viñedos en las diferentes partes del mundo y demuestran de un modo impresionante que el vino es un producto tanto natural como cultural. No es raro
que los edificios de una finca dedicados al almacenamiento y la producción se
encuentren en los mismos viñedos e impregnen con su arquitectura la imagen
del paisaje. En las páginas siguientes se muestran algunos ejemplos muy diferentes de la interrelación entre arquitectura enológica y paisaje: monumentales
esculturas arquitectónicas como las _Bodegas Ysios_ de Santiago Calatrava, pero
también discretos edificios como los de la _Stryker Sonoma Winery_, que se inte-
gran armoniosamente en los viñedos circundantes.

Growing**Wine**

Condizioni geografiche e climatiche differenti per la viticoltura creano paesaggi culturali unici e di un fascino particolare. In funzione del clima e dei terreni, della pendenza e del metodo di coltivazione si originano le strutture caratteristiche dei paesaggi vinicoli nei vari angoli della terra e dimostrano efficacemente che il vino è un prodotto naturale, ma anche culturale. Non di rado anche gli edifici per la produzione e la conservazione si trovano direttamente tra i vigneti e plasmano il paesaggio con il proprio aspetto architettonico. Le pagine seguenti presentano alcuni esempi, diversissimi fra loro, dell'interazione di architettura e paesaggio – sculture architettoniche monumentali come le *Bodegas Ysios* di Santiago Calatrava, ma anche edifici meno vistosi che si inseriscono in modo armonioso nei vigneti circostanti, come la *Stryker Sonoma Winery*.

Despite its consistently modern design, the Stryker Sonoma Winery integrates harmoniously with its surrounding vineyard setting. The steel and glass structure of the actual façades is concealed behind wooden blades that resemble a pergola construction.

Trotz seiner konsequent modernen Gestaltung fügt sich das Weingut Stryker Sonoma harmonisch in die umgebende Weinbergslandschaft ein. Vor den eigentlichen Stahl-Glas-Fassaden befinden sich filigrane Holzlamellen, die an eine Pergola-Konstruktion erinnern.

Malgré sa conception résolument moderne, le domaine Stryker Sonoma s'intègre harmonieusement dans le paysage de vignobles environnant. Des lamelles de bois en filigrane rappelant une architecture de pergola sont disposées devant la construction en verre et en acier des façades réelles.

A pesar de su diseño consecuentemente moderno, la finca vitícola Stryker Sonoma se integra armonio-samente en el paisaje de viñedos que la rodea. Ante la construcción de acero y cristal que constituye la fachada en sí, finas láminas de madera evocan una pérgola.

Nonostante il design coerentemente moderno, l'azienda vitivinicola Stryker Sonoma si inserisce in modo armonioso nel paesaggio dei vigneti circostanti. Anteposte alla struttura di vetro e acciaio delle facciate vere e proprie sono collocate lamelle di legno filigranate che ricordano un pergolato.

aidlin darling design / Marta Fry – Murray Vineyard Barn, Glen Ellen, California, USA | 93

Murray Vineyard Barn combines modern design principles with traditional materials like natural stone, untreated timber and sheet steel. A tiny barn in the heart of Sonoma County's vineyards, it is a highly successful example of the interaction between wine landscape and architecture.

Die Murray Vineyard Barn verbindet moderne Gestaltungsprinzipien mit traditionellen Materialien wie Naturstein, unbehandeltem Holz und Stahlblech. Die kleine Scheune inmitten der Weinberge des Sonoma County wird so zu einem besonders gelungenen Beispiel für das Zusammenwirken von Wein landschaft und Architektur.

Murray Vineyard Barn combine des principes de présentation modernes avec des matériaux tradition nels tels que la pierre naturelle, le bois non traité et la tôle d'acier. La petite grange située au cœur d vignoble de Sonoma County représente ainsi un exemple particulièrement réussi de l'interaction entr l'architecture et le paysage vinicole.

Murray Vineyard Barn reúne principios estructurales modernos con materiales tradicionales com piedra, madera sin tratar y chapa de acero. El pequeño cobertizo en medio de los viñedos de Sonom County se convierte así en un ejemplo especialmente conseguido de interacción entre paisaje y arqu tectura.

La Murray Vineyard Barn coniuga moderni criteri di design con materiali tradizionali, quali pietra naturale legno non trattato e lamiera. Il piccolo fienile immerso fra i vigneti della Sonoma County è pertanto u esempio particolarmente riuscito dell'interazione tra paesaggio vinicolo e architettura.

Mezzacorona is one of Italy's oldest wine-producing cooperatives. In the year 2000, the Cittadella del Vino was launched as Mezzacorona's new wine and sparkling wine cellar and production facilities. The site includes administrative offices as well as an auditorium and its modern industrial appearance creates an exciting contrast to the stunning scenery in the South Tyrolean valley of the Adige.

Mezzacorona ist eine der ältesten Winzergenossenschaften Italiens. Im Jahre 2000 wurde mit der Cittadella del Vino eine neue Wein- und Sektkellerei von Mezzacorona in Betrieb genommen. Die Anlage, zu der auch Verwaltungsbereiche sowie ein Auditorium gehören, steht mit ihrem modernen, industriellen Charakter in einem spannenden Kontrast zur Landschaft des Etschtals.

Mezzacorona est l'une des plus anciennes coopératives de vignerons d'Italie. Cittadella del Vino est la nouvelle cave de vins et de mousseux de Mezzacorona qui a vu le jour en l'an 2000. Le complexe, qui compte également des services administratifs et un auditorium, présente de par son caractère industriel moderne un contraste captivant avec la campagne de la vallée de l'Adige.

Mezzacorona es una de las cooperativas de viticultores más antiguas de Italia. Con Cittadella del Vino se puso en funcionamiento en el año 2000 una nueva bodega de vino y cava en Mezzacorona. La instalación, que también incluye departamentos administrativos y un auditorio, crea con su carácter moderno e industrial un interesante contraste con el paisaje del valle del Adigio.

Mezzacorona è una delle prime associazioni fra produttori sorte in Italia. Nel 2000 è stata inaugurata la Cittadella del Vino, una nuova struttura di produzione di vino e spumante di cui fanno parte anche zone adibite a uffici e un auditorium. Con il suo moderno carattere industriale crea un avvincente contrasto con il paesaggio della Valle dell'Adige.

Wine Presses	Wine Fermentation
Weinkeltern	Weingärung
Pressoirs pour le vin	Fermentation du vin
Prensas de vino	Fermentación del vino
Pigiatura	Fermentazione

Producing**Wine**

Wine Cellars	Wine Bottling
Weinkeller	Weinabfüllung
Caves à vin	Embouteillage du vin
Bodega	Embotellado del vino
Cantine	Imbottigliamento

Producing**Wine**

Wine is a natural product whose unique characteristics are intimately connected with region, climate, and soil quality. But wine is also a cultivated product that undergoes an elaborate and, in part, technically complex production process, in order to guarantee a persistently high quality. The process involves, in brief, destalking, crushing the grapes to a pulp, pressing, fermenting, and the final stage of aging the wine in wooden barrels or steel tanks. On larger estates, these stages are carried out on an industrial scale, all production conditions being precisely monitored. All the same, traditional wineries often emphasize the romantic atmosphere of their cellars, accentuating the beauty of historic vaults with impressive lighting effects. However, other wineries consciously turn their back on tradition to stage the techno-chic of their gleaming stainless steel production facilities. You can observe these contrasts between tradition and modernity in wine production over the following pages.

Producing**Wine**

Wein ist ein Naturprodukt, dessen Eigenheiten ganz unmittelbar mit seinem Herkunftsgebiet, dessen Klima und Bodenbeschaffenheit verbunden sind. Wein ist aber auch ein Kulturprodukt, das ausgeklügelte und zum Teil technisch aufwändige Produktionsverfahren durchläuft, um ein gleichbleibend hohes Qualitätsniveau sicherzustellen. Dazu gehören unter anderem das Entrappen und Maichen des Lesegutes, das Keltern, der eigentliche Gärprozess sowie der anschließende Ausbau des Weines in Holz- oder Stahlfässern. Speziell in größeren Gütern gleichen die Herstellungsschritte einem industriellen Prozess, bei dem sämtliche Produktionsbedingungen genauestens kontrolliert werden. Dennoch legen gerade Traditionsweingüter oftmals Wert auf die Kellerromantik ihrer historischen Gewölbe und verstärken sie durch eindrucksvolle Beleuchtungskonzepte. Andere Weingüter hingegen kehren der Tradition den Rücken und inszenieren bewusst den technoiden Chic ihrer edelstahlblitzenden Produktionsanlagen. Diese Kontraste zwischen Tradition und Moderne bei der Weinproduktion lassen sich auf den folgenden Seiten nachvollziehen.

Producing**Wine**

e vin est un produit de la nature dont la spécificité est directement liée à sa rre d'origine et au climat ainsi qu'aux propriétés du sol. Mais le vin est aussi n produit de la culture qui est soumis à des procédés de fabrication inventifs t parfois complexes, techniquement parlant, dans le but de le doter d'un niveau e qualité élevé et constant. Parmi ces procédés, il convient de citer entre autres égrappage et le foulage de la vendange, le pressurage, le processus de fermen-tion spécifique, ainsi que l'élevage du vin dans des fûts de bois ou dans des uves en inox. C'est dans les grandes exploitations que le respect de ces étapes e fabrication ressemble à un véritable processus industriel au cours duquel outes les exigences de production sont contrôlées avec une précision extrême. ependant, certaines propriétés attachées à la tradition tiennent beaucoup au ôté romantique de leur caveau historique et l'accentuent à l'aide de systèmes 'illumination impressionnants. D'autres domaines, au contraire, tournent le dos la tradition et mettent volontairement en scène le côté chic et technoïde de urs installations de production en inox scintillant. Ce contraste entre tradition t modernité dans la production du vin est mis avec évidence dans les pages uivantes.

Producing**Wine**

l vino es un producto natural cuyas características están estrechamente liga-
das a su región de origen, su clima y las propiedades del suelo. Pero también
s un producto cultural que se somete a procesos de producción sofisticados y
ue en parte requiere mucha tecnología para garantizar un elevado y constante
ivel de calidad. Entre estos procesos se cuentan el despalillado y estrujado
e la cosecha, el prensado y el propio proceso de fermentación, así como la
onsiguiente crianza del vino en barriles de madera o acero. Especialmente en
as grandes fincas, estas etapas de la elaboración se asemejan a un proceso
dustrial, en el que todas las condiciones de producción han de ser controladas
on la mayor exactitud. No obstante, las fincas vitícolas de gran tradición dan
on frecuencia gran importancia al romanticismo bodeguero de sus bóvedas his-
óricas y lo refuerzan iluminándolo de forma sorprendente. Por el contrario, otras
ncas promocionan conscientemente la elegancia tecnicista de sus plantas de
roducción a base de reluciente acero. Las páginas siguientes reflejan este con-
raste entre tradición y modernidad de la producción vinícola.

Producing**Wine**

Il vino è un prodotto naturale, le cui caratteristiche sono direttamente collegate con la zona d'origine, il clima e la morfologia del terreno. Ma il vino è anche un prodotto culturale, soggetto a processi produttivi raffinati e in parte tecnicamente impegnativi, al fine di garantire un livello qualitativo costantemente elevato. Ne fanno parte, tra l'altro, la diraspatura e la pigiatura dei grappoli, la torchiatura, il processo di fermentazione vero e proprio e quindi l'affinamento del vino in botti di legno o serbatoi di acciaio. Soprattutto nelle grandi aziende queste fasi produttive assomigliano a un processo industriale, in cui tutti i parametri sono sottoposti a rigorosi controlli. Ciononostante proprio le aziende con una maggiore tradizione danno particolare importanza al romanticismo delle loro storiche cantine con soffitti a volta e lo sottolineano mediante realizzazioni illuminotecniche suggestive. Altre aziende invece voltano le spalle alla tradizione, mettendo consapevolmente in scena lo chic tecnicizzato dei loro luccicanti impianti in acciaio inox. Questi contrasti fra tradizione e modernità nella produzione enologica divengono tangibili sfogliando le pagine che seguono.

Fermentation Tanks – Jackson-Triggs Winery, Niagara-on-the-Lake, Ontario, Canada

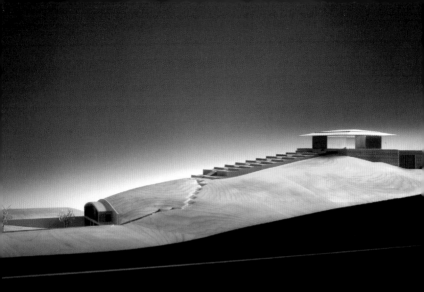

From the exterior, the Bodegas Baigorri winery only appears as a glazed pavilion in the undulating land scape of the Alavesa Rioja region. In reality, this structure stands atop seven floors of cellars housin an ultra-modern, first-rate designed wine production facility.

Die Bodegas Baigorri treten nach außen lediglich als gläserner Pavillon in der Hügellandschaft des Rioj Alavesa in Erscheinung. Tatsächlich befindet sich darunter in sieben Kellergeschossen eine hochmo derne und exzellent gestaltete Produktionsanlage.

De l'extérieur, les Bodegas Baigorri donnent l'impression d'être uniquement un pavillon de verre pos au milieu du paysage de collines de la région Rioja Alavesa. En fait, cette construction dissimule su sept étages de caves une installation de production ultramoderne et parfaitement agencée.

Las Bodegas Baigorri aparecen como un simple pabellón de cristal entre las colinas que forman e paisaje de la Rioja Alavesa. Pero debajo, en los siete pisos de la bodega, se halla una modernísim planta de producción excelentemente equipada.

All'esterno le Bodegas Baigorri appaiono soltanto come un padiglione in vetro nel paesaggio collinar della Rioja Alavesa, ma al di sotto di esso si trova un impianto produttivo ultramoderno e dal desig d'eccellenza, organizzato su sette piani interrati.

Barrel Cellar – Juan Alcorta, Logroño, Rioja, Spain | 131

nks – Château Palmer, Margaux, Bordeaux, France

Fermentation Tanks – Château Palmer, Margaux, Bordeaux, France | **133**

The new facilities at old-established Umathum Winery include a storage site for 350 barriques, a bottling facility for about 250,000 wine bottles, a tasting room, and other ancillary rooms. The carefully designed and constructed site incorporates typical regional building techniques as well as contemporary design elements.

Der Neubau des traditionsreichen Weingutes Umathum umfasst ein Lager für 350 Barriquefässer, ein Flaschenlager für ca. 250.000 Weinflaschen sowie einen Verkostungsraum und einige Nebenräume. Die äußerst sorgflältig geplante und ausgeführte Anlage verbindet regionaltypische Bauweisen mit zeitgenössischen Gestaltungselementen.

Le nouveau bâtiment du domaine Umathum très attaché à la tradition regroupe un entrepôt prévu pour 350 barriques, un entrepôt prévu pouvant accueillir environ 250 000 bouteilles de vin ainsi qu'une salle de dégustation et quelques pièces attenantes. Conçu et réalisé avec une minutie extrême, le complexe combine des modes de construction typiquement régionaux avec des éléments de décoration contemporains.

El nuevo edificio de la tradicional finca vitícola Umathum comprende una bodega para 350 barricas, otra segunda bodega para unas 250.000 botellas, así como una sala de catas y otras estancias adjuntas. La instalación, planeada y ejecutada con un esmero extraordinario aúna el modo arquitectónico típico de la región con elementos estructurales contemporáneos.

Il nuovo edificio della tenuta Umathum, un'azienda ricca di tradizione, comprende un magazzino per 350 barrique, uno per 250.000 bottiglie circa, uno spazio per degustazioni e alcuni altri locali. La struttura progettata e realizzata in modo estremamente accurato, coniuga aspetti architettonici tipici della zona ed elementi progettuali contemporanei.

Based on typical design elements by iconic architect Mario Botta, Petra Winery's monumental site fe
tures symmetrical amenities with a beveled rotunda and an eye-catching open-air stairway.

Der monumentale Komplex des Weingutes Petra beruht mit seiner symmetrischen Anlage, der ang
schnittenen Rotunde und der beeindruckenden Freitreppe auf den typischen Gestaltungselementen de
Stararchitekten Mario Botta.

Avec sa disposition symétrique, la rotonde amorcée et l'escalier extérieur impressionnant, le comple×
monumental du domaine Petra est un condensé des éléments de construction typiques employés p
l'architecte renommé Mario Botta.

Con su disposición simétrica, la marcada rotonda y la impresionante escalera exenta, la monument
instalación de la finca vitícola alude a los típicos elementos creativos del arquitecto estrella Mar
Botta.

Il monumentale edificio della cantina Petra con la sua forma simmetrica, il cilindro sezionato da un pian
inclinato e l'imponente scala presenta i tipici elementi progettuali del famoso architetto Mario Botta.

Barrel Cellar – Petra, Suvereto, Toscana, Italy | **145**

| Fermentation Tanks, Barrel Cellar – Kellerei Kaltern / Caldaro, Kaltern, Südtirol, Italy

he historical façades of Kaltern winery facilities hide a highly developed production site that couples odern wine production techniques with traditional ageing methods. Depending on the character of e wines, the fermenting process either occurs at a controlled temperature in steel tanks or in small ooden barrels.

inter der historischen Fassade des Kellereigebäudes in Kaltern verbirgt sich eine hochentwickelte roduktionsanlage, die moderne Kellereitechnik mit traditionellen Ausbaumethoden verbindet. So findet e Gärung je nach Charakter der Weine entweder unter kontrollierter Temperatur in Stahltanks oder in einen Holzfässern statt.

he installation de production très développée, combinant la technique moderne des caves avec des éthodes d'élevage traditionnelles, se cache derrière la façade historique des caves de Kaltern. Ainsi fermentation est-elle effectuée, selon le caractère des vins, dans des cuves en inox sous température ontrôlée ou dans de petits fûts en bois.

as la histórica fachada del edificio bodeguero de Kaltern se esconde un sistema de producción alta-ente desarrollado, que aúna la moderna técnica bodeguera con los métodos de crianza tradicionales. í, según el carácter del vino, la fermentación tiene lugar en tanques de acero a temperatura contro-da o en pequeñas barricas de madera.

etro alla facciata storica della Cantina di Caldaro si cela un impianto produttivo supersofisticato, che niuga la moderna tecnologia enologica con metodi di cantina tradizionali. La fermentazione avviene d esempio, a seconda del carattere dei vini, o a temperatura controllata in serbatoi d'acciaio oppure piccole botti di legno.

Production Facilities, Barrel Cellar – Shadowfax Winery, Melbourne, Victoria, Australia | **149**

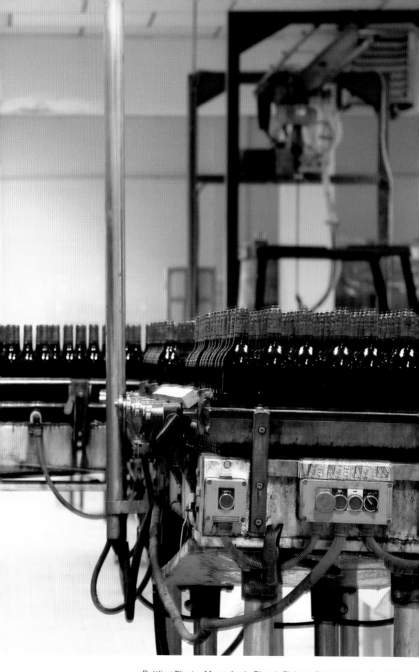

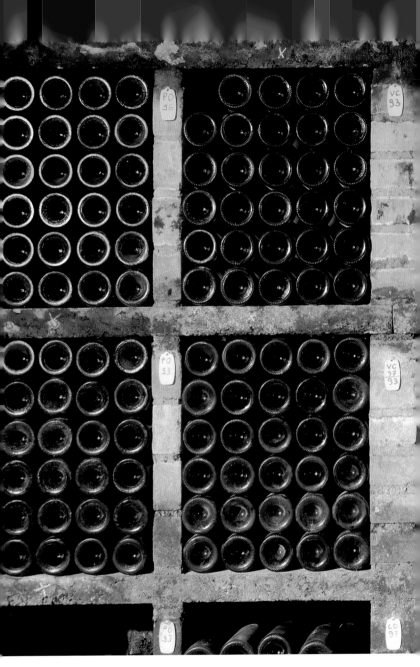

Tasting**Wine**

Tasting Rooms	Showrooms
Probierräume	Showrooms
Salles de dégustation	Salles d'exposition
Salas de cata	Showrooms
Locali per le prove	Showroom

Tasting**Wine**

growing desire of many wine lovers is to learn about production and provenance
f their favorite vintage by tasting and selecting wines on-site at the winery. Many
inegrowers cater to this need by setting up unique tasting rooms where sam-
ling wines becomes the ultimate sensory experience. Frequently, tasting rooms
clude wonderful views of surrounding vineyards, or they incorporate nearby
roduction facilities. Quality and design of tasting rooms therefore represent
he sophistication and class of wines while creating a pleasant atmosphere for
uests to enjoy the wine. This explains why nowadays elegant and futuristic wine
ounges are commonly replacing the old rustic tasting rooms—the new tasting
enues truly feature every aspect of good taste. The following chapter introduces
choice of international tasting rooms that are real winners.

Tasting**Wine**

as Interesse an Produktion und Herkunft ihrer Lieblingsweine weckt bei immer
mehr Kunden das Bedürfnis, die Weine vor Ort im Weingut zu probieren und
auszuwählen. Eine Vielzahl von Winzern tragen diesem Bedürfnis Rechnung,
indem sie neue, ungewöhnliche Probierräume einrichten, in denen die Degustation zum umfassenden sinnlichen Erlebnis wird. Oftmals erlauben diese den
Blick auf umgebende Weinbergslandschaften oder setzen die räumliche Nähe zu
den Produktionsanlagen in Szene. Die Qualität und Gestaltung der Probierräume
repräsentiert dabei Anspruch und Qualität der Weine und schafft gleichzeitig eine
angenehme Atmosphäre für den Genuss des Weines. Aufgrund dieser Entwick-
lung finden sich heute anstelle rustikaler Probierräume vielfach elegante und
futuristische Weinlounges, die dem guten Geschmack in jeder Hinsicht Rechnung
tragen. Eine internationale Auswahl besonders gelungener Probierräume zeigt
das folgende Kapitel.

Tasting**Wine**

'intérêt d'un nombre croissant de clients pour la production et l'origine de leurs
ins préférés fait naître le besoin de tester et de choisir les vins sur place, dans
ɘ domaine viticole. Nombreux sont les vignerons qui tiennent compte de ces
ɘxigences dans la mesure où ils aménagent de nouvelles salles de dégustation
ɥui sortent de l'ordinaire, dans lesquelles goûter le vin procure un bien-être pour
ɔus les sens. Assez souvent, les salles de dégustation offrent une vue sur les
ɒaysages environnants du vignoble ou mettent en scène leur proximité avec les
ɳstallations de production. La qualité et la conception des salles de dégustation
ɕymbolisent alors l'exigence et la qualité des vins, engendrant simultanément
ɘne atmosphère propice à la dégustation du vin. En raison de cette évolution, il
ɳ'est pas rare de trouver aujourd'hui au lieu de salles de dégustation rustiques
ɭes lounges élégantes et futuristes consacrées au vin qui tiennent compte du
ɓon goût à tous les égards. Le chapitre qui suit présente une sélection interna-
ʰonale de salles de dégustation particulièrement réussies.

l interés por la producción y el origen de sus vinos favoritos despierta en cada
ez más clientes la necesidad de probar y elegir sus vinos directamente en la
nca. Numerosos viticultores se hacen eco de esta necesidad construyendo
riginales salas de cata en las que la degustación se convierte en una gran
xperiencia para los sentidos. Las salas de cata permiten a menudo contem-
lar los viñedos circundantes o ponen de relieve la proximidad espacial de las
lantas de producción y las salas de cata. La calidad y decoración de las salas
e cata representan la aspiración y calidad de los vinos y consiguen a la vez un
gradable ambiente para el disfrute del vino. A consecuencia de esta evolución,
n vez de las salas de cata rústicas existe hoy en día una gran variedad de "vino-
ounges" elegantes y futuristas que tienen en cuenta el buen gusto en todos los
spectos. Este capítulo muestra una selección internacional de salas de cata
specialmente bien conseguidas.

TastingWine

'interesse per l'origine e la produzione dei vini preferiti fa nascere in sempre
iù clienti l'esigenza di assaggiare e scegliere i vini direttamente presso le can-
ne. Molti produttori soddisfano tali esigenze realizzando nuovi e insoliti locali
er l'assaggio, in cui la degustazione diviene un'esperienza che coinvolge tutti i
ensi. Spesso i locali danno sui vigneti circostanti oppure sottolineano la conti-
uità di impianti enologici e locali per l'assaggio. La qualità e la concezione dei
)cali per la degustazione sono espressione dei requisiti e della qualità dei vini,
reando al contempo una piacevole atmosfera in cui assaporare il vino. Da tale
voluzione consegue il fatto che i locali rustici in cui un tempo si svolgevano le
egustazioni sono stati spesso soppiantati da eleganti wine lounge futuristici,
he tengono conto del buon gusto in ogni accezione del termine. Il presente
apitolo mostra una selezione internazionale di locali per la degustazione parti-
olarmente riusciti.

The unconventional, brand new premises of the Ploder-Rosenberg winery can be used as a sales and tasting room. The futuristic interior design philosophy with its dynamic form language almost makes you feel as if you were on the command bridge of a spaceship, cruising the galaxy.

Der eigenwillige Neubau des Weingutes Ploder-Rosenberg dient als Verkaufs- und Degustationsraum. Das futuristische Innenraumkonzept mit seiner dynamischen Formensprache erinnert fast schon an die Kommandobrücke eines Raumschiffes.

Le nouveau bâtiment original construit par le domaine Ploder-Rosenberg sert de salle de vente et de dégustation. Avec ses formes dynamiques, le concept futuriste de l'intérieur fait presque penser à la passerelle de navigation d'un vaisseau spatial.

El caprichoso edificio nuevo de la finca vitícola Ploder-Rosenberg sirve como sala de ventas y cata. El futurista concepto decorativo, con su dinámico lenguaje formal, recuerda casi el puente de mando de una nave espacial.

Il nuovo e originale edificio della tenuta Ploder-Rosenberg ospita il locale di vendita e degustazione. La futuristica concezione degli interni con il suo linguaggio delle forme dinamico ricorda quasi il ponte di comando di un'astronave.

The tasting room at the Sattlerhof is located in 300-year-old vaulted cellars. However, for the expansio of the tasting area, the winery opted for a very modern, expressive impression. A specially designe tasting table creates an optical liaison of old and new.

Der Probierraum des Sattlerhofs befindet sich in einem über 300 Jahre alten Gewölbekeller. Bei de Erweiterung des Degustationsbereichs setzte das Weingut jedoch auf eine ausgesprochen moderne expressive Ästhetik. Ein speziell gestalteter Verkostungstisch dient als optische Verbindung zwische Alt und Neu.

La salle de dégustation du Sattlerhof se situe dans un ancien caveau de plus de 300 ans. Le domain a toutefois opté pour une esthétique extrêmement moderne et expressive lors de l'agrandissement d l'espace de dégustation. Une table de dégustation spécialement conçue symbolise le lien entre l'ancie et le moderne.

La sala de catas de Sattlerhof se encuentra en una bodega abovedada de más de 300 años de antigü dad. Sin embargo, a la hora de ampliar la zona de degustación, la finca vitícola apostó por una estétic decididamente moderna y expresiva. Una mesa de catas especialmente diseñada sirve de nexo óptic entre lo antiguo y lo nuevo.

Il locale per degustazioni del Sattlerhof si trova in una cantina con soffitto a volta costruita oltre tr secoli fa. Per l'ampliamento della zona degustazione però l'azienda ha puntato su un'estetica spiccat mente moderna ed espressiva. Un tavolo da degustazione appositamente ideato costituisce il colleg mento visivo tra il vecchio e il nuovo.

separate building for tasting Barossa Valley Estate wines was constructed alongside production facili-
es. The rear wall and chimney piece are made from light quarrystone and create a rustic contrast to
ne pavilion's rather cool steel-and-glass architecture.

ür die Verkostung der Weine des Barossa Valley Estate wurde ein eigenständiges Gebäude neben den
roduktionsanlagen errichtet. Die Rückwand und der Kamin sind aus hellem Bruchstein gemauert und
ilden einen rustikalen Kontrast zu der eher coolen Stahl-Glas-Architektur des Pavillons.

n bâtiment autonome a été construit à côté des installations de production pour la dégustation des
ns de la région Barossa Valley. Le mur du fond et la cheminée ont été réalisés avec des moellons clairs
t créent un contraste rustique avec l'architecture d'acier et de verre plutôt froide du pavillon.

ara catar los vinos de Barossa Valley Estatese construyó un edificio independiente junto a la planta de
roducción. La pared posterior y la chimenea son de piedra clara y constituyen un contraste rústico con
 arquitectura más bien fría, a base de acero y cristal, del pabellón.

er la degustazione dei vini di Barossa Valley Estate è stato realizzato un apposito edificio accanto agli
npianti produttivi. La facciata posteriore e il comignolo sono composti da conci e creano un contrasto
ıstico con la struttura architettonica piuttosto "cool" del padiglione in acciaio e vetro.

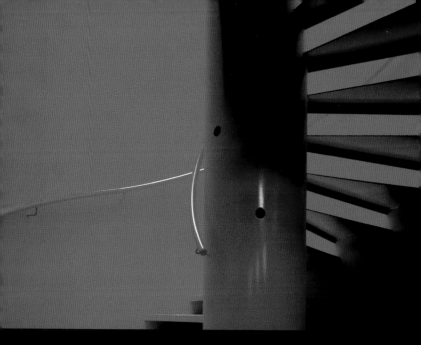

e vibrant color scheme of yellow and red hues is a surprise element of the sales and tasting rooms
Shadowfax Winery. In addition to their use for wine-tasting, the premises are also available for rent
private parties and receptions.

 Verkaufs- und Degustationsräume des Shadowfax Weinguts überraschen mit einer kräftigen Farb-
staltung in Gelb- und Rottönen. Neben den Weinproben stehen die Räume auch für private Empfänge
d Veranstaltungen zur Verfügung.

 salles de vente et de dégustation du domaine Shadowfax surprennent de par une combinaison
utenue de couleurs dans les tons jaunes et rouges. Les salles consacrées à la dégustation des vins
nt également disponibles pour des manifestations ou des réceptions privées.

 salas de ventas y cata de la finca vitícola Shadowfax sorprenden por su intensa decoración
mática en tonos amarillos y rojos. Aparte de para las catas, las salas están también disponibles
a recepciones y celebraciones privadas.

cali di vendita e degustazione della tenuta Shadowfax sorprendono per il loro vivace aspetto croma-
 sulle tonalità del giallo e del rosso. I locali possono essere utilizzati, oltre che per degustazioni,
he per rinfreschi e incontri privati.

Wine Shops
Weinläden
Magasins de vin
Tiendas de vino
Enoteche

Vinotheques
Vinotheken
Vinothèques
Vinotecas
Consorzi

Promoting**Wine**

Wine Promotion
Weinwerbung
Promotion du vin
Promoción de vino
Pubblicità di vini

Wine Experiences
Weinerfahrung
Découverte du vin
La experiencia del vino
Esperienze sensoriali

Promoting**Wine**

In addition to wines sold directly from the wineries, in stores, and by mail order, a variety of specialist international wine shops have been established over the last couple of years. These include classic specialist retail stores, whose store owners often select the wine from their product range based on their expertise and tasting savvy, as well as collaborative, professional merchandising outlets established by the producers of one community or wine-growing region to eliminate staff-intensive individual sales outlets. Most wine merchants therefore particularly accentuate the tourist and cultural qualities of their location or region in addition to their wine tasting and sales activities. Thus they act as cultural "ambassadors" of their region and diversify from purely promotional marketing and sales of their estate wines.

Promoting**Wine**

eben dem direkten Verkauf der Weine vom Weingut und dem Weinhandel über
ie Einkaufsmärkte und den Versand hat sich in den vergangenen Jahren welt-
eit eine Vielzahl von speziellen Weinläden etabliert. Dazu gehören klassische
achgeschäfte, in denen die Ladenbetreiber ihr Sortiment nach eigenem Sach-
erstand und Geschmack auswählen, aber auch Vinotheken, in denen sich Produ-
enten eines Ortes oder Anbaugebietes zusammenschließen, um den personal-
itensiven Hofverkauf durch ein gemeinsames, professionelles Verkaufsgeschäft
u ersetzen. Die meisten Vinotheken legen neben dem Probieren und dem Ver-
auf der Weine besonderen Wert auf die Darstellung der touristischen und kultu-
ellen Besonderheiten des Ortes oder einer Region. Damit werden sie – über die
eine Promotion und den Verkauf der Weine hinaus – zu kulturellen „Botschaften"
irer Region.

Promoting**Wine**

Parallèlement à la vente directe des vins de la propriété et au négoce via les magasins de distribution ou l'expédition, une multitude de magasins spécialisés dans le vin ont fait leur apparition ces dernières années dans le monde entier. Font partie de cette catégorie aussi bien des magasins spécialisés classiques dans lesquels les responsables sélectionnent leur assortiment selon leur propre savoir-faire et leur goût que des vinothèques dans lesquelles les producteurs d'une localité vinicole ou d'une zone d'appellation s'associent en vue de remplacer la vente directe à la propriété, qui requiert beaucoup de personnel, par un magasin de vente commun et professionnel. Parallèlement à la dégustation et à la vente des vins, la plupart des vinothèques attachent une importance particulière à la présentation des particularités touristiques et culturelles du lieu ou de la région. Ainsi deviennent-elles, au-delà de la simple promotion et de la vente des vins, des « ambassadrices » culturelles de leur région.

Promoting**Wine**

demás de la venta directa por parte de la finca y de la compra en supermerca-
os o por encargo, en los últimos años se han establecido numerosas tiendas
e vino especializadas. Entre ellas se cuentan tanto la típica tienda del ramo,
uyo propietario elige su surtido según su entendimiento y gustos, como las
inotecas, donde los productores de una localidad o región deciden sustituir la
enta personalizada por una venta conjunta y profesional. Además de dedicarse
la cata y la venta de vinos, la mayoría de las vinotecas concede una importan-
ia especial a la promoción de las particularidades turísticas y culturales de la
ocalidad o de la región. De este modo –y más allá de la mera promoción y de la
enta de vinos– se convierten en "embajadas" culturales de su región.

Promoting**Wine**

ccanto alla vendita diretta dal produttore e al commercio tramite i supermer-
ati e la vendita per corrispondenza negli scorsi anni in tutto il mondo si sono
ffermati i rivenditori specializzati. Si tratta sia delle classiche enoteche, in cui
proprietari scelgono i vini in base alla propria competenza, esperienza e gusto,
a anche di consorzi, in cui i produttori di una località o di una zona si asso-
ano per sostituire la vendita diretta in cantina, che richiede più personale, con
n'attività di vendita professionale comune. La maggior parte dei consorzi dà
articolare rilievo, oltre alla degustazione e alla vendita, anche alla presenta-
one delle risorse turistiche e culturali del paese o della zona. In tal modo questi
peratori, oltre a promuovere e vendere i vini, divengono "ambasciatori" culturali
el territorio.

The visitors' center is visible from afar as a "gateway" to the cellars of the LOISIUM, where visitors ca[n] learn about the history and culture of wine. They are immersed in an informative and sensory experienc[e] through an adventurous journey that takes over 2/3 mile to uncover this underground world of wine.

Das Besucherzentrum ist das weithin sichtbare „Tor" zu den Kellerwelten des LOISIUM. Auf einer g[e]ein Kilometer langen, unterirdischen Entdeckungsreise wird die Geschichte und Kultur des Weines a[uf] informative und sinnliche Weise für die Besucher erfahrbar gemacht.

Visible de loin, le Center des visiteurs est la « porte d'entrée » du monde souterrain de LOISIUM. L'hi[s]toire et la culture du vin sont racontées aux visiteurs de manière informative et sensorielle au cou[rs] d'un voyage de découverte d'au moins un kilomètre de long dans les caves.

El centro de visitantes es la "gran puerta" visible a lo lejos que introduce al universo de bodegas [de] LOISIUM. Durante una exploración subterránea de más de un kilómetro de largo, se transmite a lo[s] visitantes la historia y la cultura del vino de un modo informativo y sensorial.

Il centro visitatori è il "portone" visibile già da lontano attraverso cui si accede alle cantine del LOISIUM. In un percorso sotterraneo di circa un chilometro vengono presentate ai visitatori la storia e la cultu[ra] del vino in modo informativo e coinvolgendo tutti i sensi.

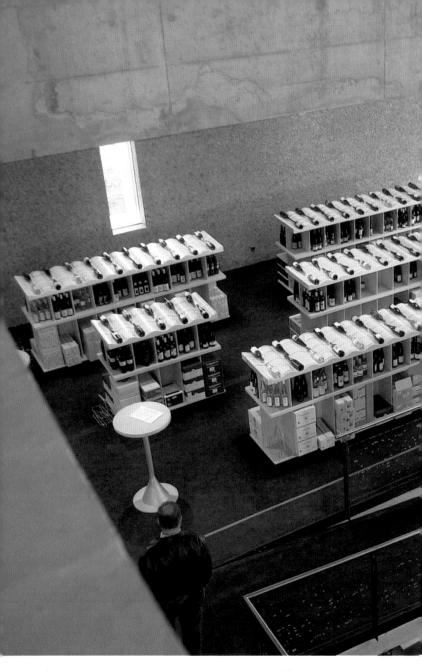

Nearly one hundred winemakers from Gols display their products at the Weinkulturhaus. The oldes[t] building of this quaint location was lovingly restored and modernized to create a cultural meeting poin[t.] The Weinkulturhaus is not only used for tasting and sales events, but also acts as a library and atmo[s]pheric venue for various cultural events.

Im Weinkulturhaus präsentieren fast hundert Golser Winzer ihre Produkte. Dafür wurde das ältest[e] Gebäude des Ortes sorgsam restauriert und modernisiert. Neben der Degustation und dem Verka[uf] dient das Weinkulturhaus auch als Bibliothek und stimmungsvoller Veranstaltungsort.

Près d'une centaine de vignerons de Gols présentent leurs produits dans la Weinkulturhaus. Le plu[s] ancien bâtiment du lieu de la ville a été soigneusement restauré et modernisé dans ce but. La maiso[n] culturelle sert également, parallèlement à la dégustation et à la vente, de bibliothèque et de local po[ur] des manifestations festives.

Casi cien viticultores de Gols presentan sus productos en la Weinkulturhaus. Para ello se restauró [y] modernizó minuciosamente el edificio más antiguo de la localidad. Además de para la cata y la venta, [la] casa de la cultura enológica sirve también como biblioteca y como animado lugar de celebración.

Quasi cento viticoltori di Gols presentano i propri prodotti nel Weinkulturhaus, l'edificio più antic[o] della cittadina che è stato accuratamente restaurato e ammodernato. Oltre a essere adibito a deg[u]stazioni e vendita ospita anche una biblioteca e viene utilizzato come luogo suggestivo per divers[e] manifestazioni.

ter relocating his winery from its traditional venue, winemaker Christof Höpler teamed up with an art-
, a photographer and a designer to create unique room sets featuring the world of wine in the historic
oduction facilities and living amenities.

ach der Verlagerung seines Weingutes aus dem Stammsitz schuf der Winzer Christof Höpler in den
storischen Betriebs- und Wohnräumen zusammen mit einem Künstler, einem Fotografen und einem
esigner einzigartige Rauminszenierungen rund um das Thema Wein.

rès avoir transféré le domaine loin de son lieu d'origine, le vigneron Christof Höpler a réalisé en col-
poration avec un artiste, un photographe et un designer une mise en scène sans égale consacrée au
eme du vin dans les espaces historiques qui étaient réservés à l'exploitation et à l'habitation.

espués de trasladar a otro lugar el solar de su finca, el viticultor Christof Höpler en colaboración con
artista, un fotógrafo y un diseñador creó en las históricas estancias que fueran empresa y domicilio,
traordinarias escenificaciones espaciales en torno al tema del vino.

po il trasloco della propria azienda vitivinicola in altra sede, Christof Höpler ha dato vita, nei locali
prici che un tempo ospitavano le attività aziendali e l'abitazione, a spazi straordinari aventi per prota-
nista il vino, chiamando a collaborare con lui un artista, un fotografo e un designer.

feld72 – winecenter, Kaltern, Südtirol,

Bottle Design
Flaschendesign
Design de la bouteille
Diseño de botellas
Design delle bottiglie

Label Design
Etikettendesign
Design de l'étiquette
Diseño de botellas
Design delle etichette

Graphic Design   Packaging Design
Grafikdesign   Verpackungsdesign
Conception graphique   Conception de l'emballage
Diseño gráfico   Diseño de embalaje
Design grafico   Packaging Design

FRONTIER

RED

ANNIVERSARY
EDITION
2004

LOT NO. 22

CALIFORNIA
RED TABLE WINE

2004 marks the **50th** anniversary of the debut of the Davy Crockett show, the **40th** anniversary of the debut of the Daniel Boone show and the **15th** anniversary of Fess Parker Winery. We think that is a good reason to celebrate.

ALC. BY VOL. 13%

Presenting**Wine**

The role of bottle and label design cannot be overrated when promoting a wine's image. A wine's label displays a vital list of information about its provenance, vintage, grape variety, or alcohol content. Above all, however, the label's design is a chance to tie a winery's elevated quality and style directly to the retail product, and to market these to the customer. Typical features to this day are reproductions of magnificent coat-of-arms or landscape images, as introduced by early 19th-century lithographs. Over the past few years, however, new techniques have been adopted even in this area—many wineries have re-adjusted their labeling typography and imagery to the visual conventions and expectations of a modern, international clientele. A selection of particularly innovative bottles and labels are featured on the next few pages, along with examples of contemporary packaging and advertising concepts for wines from around the world.

Presenting**Wine**

Die Gestaltung von Flasche und Label hat eine nicht zu überschätzende Bedeutung für das Image eines Weines. Zum einen enthält das Etikett eine Reihe wich-
tiger Informationen über Herkunft, Jahrgang, Rebsorte oder Alkoholgehalt. Vor
allem jedoch bietet das Design des Etiketts die Chance, den Qualitätsanspruch
und Stil eines Weingutes unmittelbar mit dem Endprodukt zu verbinden und dem
Kunden zu präsentieren. Typisch hierfür sind bis heute Abbildungen von stolzen
Wappen oder Landschaftsdarstellungen, wie sie seit der Einführung der Lithogra-
fie im frühen 19. Jahrhundert in Mode kamen. Auch in diesem Bereich jedoch
wurden in den letzten Jahren neue Wege beschritten: Viele Weingüter haben
Typografie und Bildsprache ihrer Etiketten den Sehgewohnheiten und Erwartun-
gen eines modernen, internationalen Publikums angepasst. Die folgenden Seiten
zeigen eine Auswahl besonders ungewöhnlicher neuer Flaschen und Etiketten
sowie Beispiele für zeitgemäße Verpackungs- und Werbekonzepte für Weine aus
aller Welt.

a conception de la bouteille et de l'étiquette revêt pour l'image d'un vin une
mportance qu'il ne faut pas sous-estimer. D'un côté, l'étiquette véhicule une
érie d'informations importantes telles que la provenance, le millésime, le
épage ou le degré d'alcool. Mais c'est surtout son design qui donne au vin la
hance d'associer directement les exigences de qualité et le style d'un domaine
u produit fini et de les présenter au client. Aujourd'hui encore, les reproductions
'armoiries majestueuses ou les représentations de paysages, telles qu'elles
ont à la mode depuis le début de la lithographie au début du 19ème siècle, sont
rivilégiées. Cependant, dans ce domaine également, de nouvelles voies ont été
acées ces dernières années : de nombreuses propriétés ont adapté la typogra-
hie et le langage visuel de leurs étiquettes aux habitudes visuelles et aux atten-
es d'une clientèle internationale moderne. Les pages suivantes présentent une
élection de bouteilles et d'étiquettes nouvelles et particulièrement originales
insi que des exemples de concepts d'emballage et de publicité modernes pour
es vins du monde entier.

RED AUSTRALIAN WINE

[VINTELLECT]

2005 Red Blend
South Eastern Australia

PRODUCT OF AUSTRALIA   750ml   ALC.13.5% BY VOL

Presenting**Wine**

No se debe menospreciar la importancia que para la imagen de un vino tiene el diseño de la botella y la etiqueta. Por una parte, la etiqueta contiene una serie de datos importantes como la procedencia, la añada, la variedad de uva y el grado alcohólico. Pero sobre todo su diseño ofrece la oportunidad de aunar directamente la exigencia cualitativa y el estilo de una finca con el producto final, así como de presentárselo al cliente. Hasta ahora eran típicas las reproducciones de gallardos escudos y paisajes, tal y como se pusieron de moda desde la introducción de la litografía a principios del siglo XIX. Pero también en este campo se han producido innovaciones en los últimos años: muchos viticultores han adaptado la tipografía y el lenguaje visual de sus etiquetas a las costumbres y expectativas de un público moderno e internacional. Las páginas siguientes muestran una selección de nuevas botellas y etiquetas especialmente singulares, así como ejemplos de embalajes y conceptos publicitarios para vinos de todo el mundo acordes con la actualidad.

Presenting**Wine**

design della bottiglia e dell'etichetta riveste un ruolo da non sottovalutare per
immagine di un determinato vino. Da un lato riporta tutta una serie di informa-
ioni importanti, quali l'origine, l'annata, i vitigni o la gradazione alcolica. Ma il
esign dell'etichetta offre innanzi tutto l'opportunità di instaurare un collega-
ento immediato tra la qualità e lo stile di un'azienda e il prodotto finale e di pre-
entarlo al cliente. Un'espressione tipica di quest'aspetto è l'orgogliosa riprodu-
ione di stemmi o paesaggi, divenuta di moda agli albori della litografia nel primo
ttocento, abitudine che si è conservata fino ai giorni nostri. Anche in questo
ampo, però, negli ultimi tempi si è iniziato a percorrere nuove strade, e molte
ziende hanno adeguato i caratteri e le immagini delle etichette alle abitudini e
le aspettative in termini di estetica di un pubblico moderno e internazionale.
e pagine che seguono mostrano una selezione di bottiglie ed etichette nuove
particolarmente inconsuete ed esempi di soluzioni moderne per confezioni e
ubblicità di vini provenienti da ogni parte del mondo.

CLONE CTPS 352

Source
Espiguette, France

Treatment
None

Vines
Moderate vigor

Fruit
High yield, medium clusters, large berries

Traits
Very fruitful, many clusters per vine

Aroma
Red apple, woody, ginger, smoke, sappy, pineapple

Flavors
Apple, lemon, sweet and tangy

Balance/Finish
Medium weight, firm, even and smooth finish

CHALK HILL
Chardonnay
CLONES
2000

CHALK HILL
Chardonnay
CLONES
2000

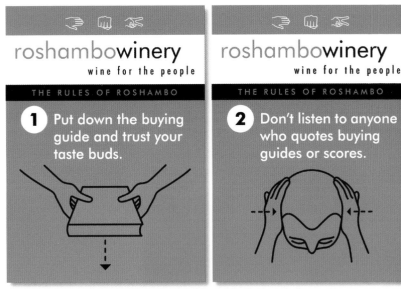

roshambowinery
wine for the people

THE RULES OF ROSHAMBO

1 Put down the buying guide and trust your taste buds.

roshambowinery
wine for the people

THE RULES OF ROSHAMBO

2 Don't listen to anyone who quotes buying guides or scores.

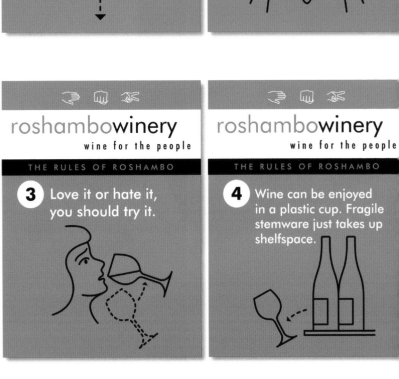

roshambowinery
wine for the people

THE RULES OF ROSHAMBO

3 Love it or hate it, you should try it.

roshambowinery
wine for the people

THE RULES OF ROSHAMBO

4 Wine can be enjoyed in a plastic cup. Fragile stemware just takes up shelfspace.

Roshambo Winery relies on quirky advertising campaigns to deconstruct the supposedly elitist image of wine, target a young clientele and inspire enthusiasm for its products. The winery's name is a reference to the U.S. version of the popular "Rock, Paper, Scissors" game.

Mit ungewöhnlichen Werbekampagnen versucht das Roshambo-Weingut, dem Wein sein vermeintlich elitäres Image zu nehmen und stattdessen ein junges Publikum für seine Produkte zu begeistern. Der Name des Weingutes bezieht sich auf die amerikanische Variante des populären Schere-Stein-Papier-Spiels.

La domaine Roshambo s'efforce, avec des campagnes de publicité insolites, d'éloigner le vin de son image présumée élitiste de façon à ce qu'une clientèle jeune s'intéresse à ses produits. Le nom du domaine est inspiré de la variante américaine du jeu populaire « pierre-feuille-ciseaux ».

Con insólitas campañas publicitarias la finca vitícola Roshambo intenta librar al vino de su presunta imagen elitista y, a cambio, interesar por sus productos a un público joven. El nombre de la finca alude a la versión americana del popular juego de "piedra, tijera y papel".

La tenuta Roshambo cerca di smitizzare l'immagine di presunto prodotto elitario che ha il vino ricorrendo a campagne pubblicitarie insolite, tese a conquistare un pubblico giovane. Il popolare gioco della morra cinese dà il nome a quest'azienda.

RIETALS
OMEWHAT
FINISH.

Sip.
1.
bout
ou
olve.

VINE

lume
ES

EVOLUTION

Luck? Intention?

GOVERNM
(1) ACCORD
ALCOHOLIC B
DEFFECTS. (2
TO DRIVE A C

The letter **M** is arguably the best letter in the alphabet. It sits smack in the middle of all 26. It looks good, like a pair of wings poised to take flight. An L or a Q wish they looked half as good. M doubles as a number. Appears twice in mom. And, by itself, makes up the word Mmmmm. M. Turns out M is also the first letter in the name Meditrina, the Roman Goddess of wine and health who inspired the bottle of wine you hold. **Meditrina.** A perfect marriage of Pinot Noir, Syrah and Zinfandel that's juicy, rich and full of fruit and reminds some of a slice of Marionberry pie. Open a bottle and say marvelous, magnificent or simply Mmmmm.

CK   LUCKY No.# 9

LUCK WOULD HAVE IT, A RANDOM
NUMBER OF VARIETALS TOOK A LIKING
TO EACH OTHER AND DECIDED TO
BECOME A LUSH, OFF-DRY, SOMEWHAT
TROPICAL WINE WITH A CRISP FINISH.
GO FIGURE.

BOTTLED BY SOKOL BLOSSER WINERY
BW-OR-66 DUNDEE, OR

...ON GENERAL, WOMEN SHOULD NOT DRINK
...PREGNANCY BECAUSE OF THE RISK OF BIRTH
...ALCOHOLIC BEVERAGES IMPAIRS YOUR ABILITY
...CHINERY, AND MAY CAUSE HEALTH PROBLEMS.

www.evolutionwine.com

The Carlo Rossi wine label is amongst the most successful brands to hit the American market. Artist Jay Blazek was inspired by the winery's characteristic style of wine flasks to create a series of unique "wine furniture."

Das Wein-Label Carlo Rossi zählt zu den erfolgreichsten Marken auf dem amerikanischen Markt. Den Künstler Jay Blazek inspirierten die typischen Bauchflaschen des Weingutes zu einer Reihe höchst ungewöhnlicher „Wein-Möbel".

Le label de vin Carlo Rossi compte parmi les marques les plus prospères sur le marché américain. Les bouteilles ventrues typiques du domaine ont inspiré à l'artiste Jay Blazek une série de « meubles à vin » très particuliers.

La marca de vino Carlo Rossi se cuenta entre las más exitosas del mercado americano. El artista Jay Blazek se inspiró en las típicas damajuanas de la finca para crear una serie de "muebles vinícolas" totalmente inusitados.

I vini Carlo Rossi sono una delle marche che riscuotono maggior successo sul mercato statunitense. Dalle tipiche bottiglie panciute dell'azienda l'artista Jay Blazek ha tratto l'ispirazione per creare una collezione di "mobili enologici" assolutamente originali.

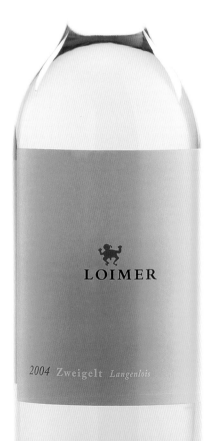

grün

录

LOIMER

lois

d

Loimer Winery labels are distinguished by their characteristic typographical design and color scheme. To achieve this, Fred Loimer breaks with traditional conventions: instead of a coat of arms, the label carries the small figure of a dancing man; the 2004 Grüner Veltliner is even decorated with sassy comic strips.

Die Etiketten des Weingutes Loimer zeichnen sich durch eine markante typografische und farbliche Gestaltung aus. Dabei bricht Fred Loimer mit althergebrachten Konventionen: Anstelle eines Wappens findet sich auf den Labels ein kleines, tanzendes Männlein, den Grüne Veltliner des Jahrgangs 2004 zieren gar freche Comicstrips.

Les étiquettes du domaine Loimer se caractérisent par une conception typographique et colorée particulière. Fred Loimer a rompu avec les conventions désuètes : au lieu d'un blason, les étiquettes représentent un petit bonhomme qui danse. Des bandes dessinées impertinentes ont même été apposées sur le Grüner Veltliner de l'année 2004.

Las etiquetas de la finca vitícola Loimer destacan por su marcada tipografía y su diseño colorista. Fred Loimer se sirvió de ellas para romper con antiguas convenciones: en lugar de un escudo, en las etiquetas aparece un pequeño hombrecillo danzante; tiras cómicas francamente descaradas adornan el Grüner Veltliner de la añada de 2004.

Le etichette della tenuta Loimer si contraddistinguono per il loro marcato aspetto tipografico e cromatico. Fred Loimer rompe con le convenzioni tradizionali: in luogo di uno stemma compare un omino che danza, e sulle bottiglie di Grüner Veltliner dell'annata 2004 troviamo persino spiritose vignette.

The Cape region can look back on over three centuries of winemaking. Klein Constantia winery make the most of this tradition with its Vin de Constance, a dessert wine made from the original Muscat de Frontignon vine variety and specially filled in authentic bottles featuring original historic styles.

Die Kapregion blickt auf eine über dreihundertjährige Weintradition zurück. Mit seinem Vin de Constance greift das Weingut Klein Constantia diese Tradition auf: Der Süßwein wird aus der ursprünglich angepflanzten Rebsorte Muscat de Frontignon gewonnen und in spezielle, historischen Vorbildern nachempfundene Flaschen gefüllt.

La région du Cap jouit d'une tradition vinicole de plus de trois siècles. Le domaine Klein Constantia est fidèle à cette tradition avec son Vin de Constance. Ce vin liquoreux est élevé à partir du cépage Muscat de Frontignon planté à l'origine et présenté dans des bouteilles spéciales qui ont été inspirées de leurs modèles historiques.

La región de El Cabo evoca una tradición vitícola de más de 300 años de antigüedad. La finca Klein Constantia alude a esta tradición con su Vin de Constance: El vino dulce se elabora con la variedad de vid que se plantaba originariamente, Muscat de Frontignon, y se envasa en botellas cuya creación se inspiró en modelos históricos especiales.

La regione del Capo di Buona Speranza ha alle spalle una tradizione enologica di oltre trecento anni. La tenuta Klein Constantia riprende tale tradizione con il Vin de Constance: questo vino dolce viene ricavato dal vitigno di Moscato di Frontignon a suo tempo piantato, e imbottigliato in particolari bottiglie che si rifanno a modelli storici.

Vin de Constance Bottle Reproductions, Klein Constantia Estate, South Africa |

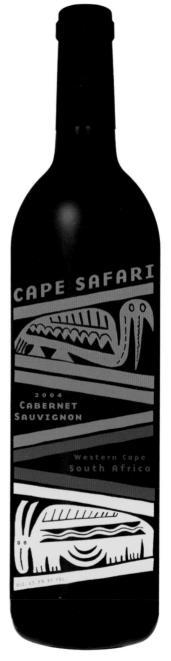

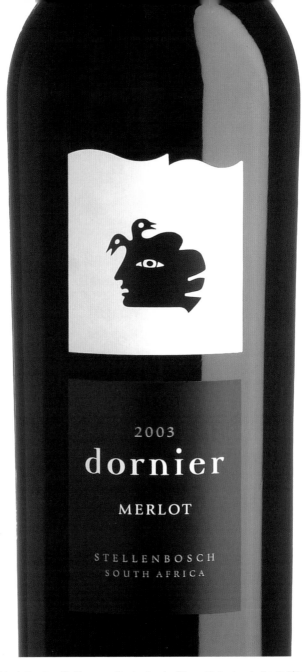

2003

dornier

MERLOT

STELLENBOSCH
SOUTH AFRICA

The proprietor personally supervised the creation of Dornier Winery's elegant wine labels. The logo is based on the Greek mythology legend of Zeus and Leda. The double-curving flourish at the upper or lower edge of the label resumes the architectural form language of the new winery building.

Die eleganten Etiketten des Weingutes Dornier wurden vom Gutsbesitzer selbst gestaltet. Das Logo bezieht sich auf die Sage von Zeus und Leda aus der griechischen Mythologie. Der doppelte Schwung am oberen oder unteren Rand des Labels greift die architektonische Formensprache des neuen Gutsgebäudes auf.

Les étiquettes élégantes du domaine Dornier ont été conçues par le propriétaire du domaine lui-même. Le logo se réfère à la légende de Zeus et de Léda dans la mythologie grecque. La double ligne arquée sur la bordure supérieure ou inférieure de l'étiquette s'inspire des contours architecturaux du nouveau bâtiment du domaine.

Las elegantes etiquetas de la finca vitícola Dornier fueron diseñadas personalmente por su propietario. El logotipo hace referencia a la leyenda de Zeus y Leda, procedente de la mitología griega. La doble curvatura en los bordes inferior y superior de la etiqueta alude al lenguaje formal arquitectónico del nuevo edificio.

Le eleganti etichette della tenuta Dornier sono state ideate dallo stesso proprietario. Il logo si rifà al mito greco di Zeus e Leda. La doppia onda sulla parte superiore o su quella inferiore dell'etichetta riprende il linguaggio delle forme architettoniche del nuovo edificio.

COAST
NNAY

WORKING
DOG 2004
CABERNET
SHIRAZ
SOUTH EASTERN AUSTRALIA

750ML

Penfolds is one of Australia's oldest and most renowned wineries. To celebrate thirty years of its Koonunga Hill label, Penfolds launched a special edition of six different wines. Australian fashion, haute cuisine, literature, science and sports celebrities created the unique bottle designs.

Aus Anlass des dreißigjährigen Bestehens des Koonunga-Hill-Labels schuf Penfolds – eines der ältesten und bekanntesten australischen Weingüter – eine Sonderedition sechs unterschiedlicher Weine. Das außergewöhnliche Design der Flaschen stammt von prominenten Australiern aus den Bereichen Mode, Kochkunst, Literatur, Wissenschaft und Sport.

Une édition spéciale de six vins différents a été créée à l'occasion du trentième anniversaire de la création du label Koonunga Hill de Penfolds, l'un des domaines les plus anciens et les plus connus d'Australie. Le design insolite des bouteilles a été imaginé par des personnalités australiennes du domaine de la mode, de la gastronomie, de la littérature, de la science et du sport.

Con motivo de los treinta años de existencia de la marca Koonunga-Hill, Penfolds –una de las fincas vitícolas más antiguas y conocidas de Australia– creó una edición especial de seis vinos diferentes. El extraordinario diseño de las botellas procede de personalidades australianas del campo de la moda, la gastronomía, la literatura, la ciencia y el deporte.

In occasione del trentennale dell'etichetta Koonunga Hill, Penfolds – una delle più antiche e note aziende vitivinicole australiane – ha creato una serie di bottiglie da collezione di sei vini diversi. Il design inconsueto delle bottiglie è stato curato da australiani famosi del mondo della moda, della cucina, della letteratura, delle scienze e dello sport.

Wine Towers   Wine Storage
Weintürme   Weinlager
Tours à vin   Entrepôt de vin
Silo de vino   Almacén de vino
Torri-cantina   Conservare il vino

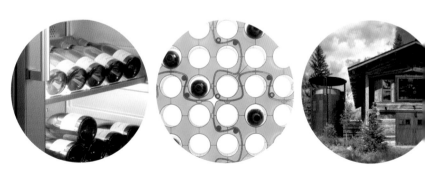

Wine Coolers
Weinkühlschränke
Armoires à vin
Frigoríficos para vino
Cantinette portabottiglie

Wine Racks
Weinregale
Étagères à vin
Estanterías para vino
Scaffali portabottiglie

Storing**Wine**

How to store wine correctly is a crucial topic for true wine experts. Red wines in particular need to be stored under ideal conditions before the right moment to open the bottle arrives. It is vital to note that the storage temperature should be between 41 and 61 degrees Fahrenheit, humidity should be at about 70 percent, and the wine should be left undisturbed and kept in darkness. A personal vaulted cellar is not the privilege of every wine connoisseur, and all but a minority will have the chance to construct their own, rather unusual wine silo, as profiled in this chapter. Fortunately, however, a wide range of storage and chilling devices is on offer that promise optimal storage conditions even in your own apartment. Many wine restaurants incorporate the storage of their wines as a special feature of the interior design, and construct exclusive wine cabinets and wine safes.

Storing**Wine**

Für echte Weinkenner ist die Aufbewahrung ihrer Weine ein Thema von höchster Bedeutung: Schließlich müssen vor allem Rotweine zunächst einige Jahre unter möglichst idealen Bedingungen gelagert werden, bevor der richtige Zeitpunkt zum Öffnen der Flasche gekommen ist. Mehrere Faktoren sind dabei von größter Bedeutung: Die Temperatur, die zwischen 5 und 16 Grad Celsius liegen sollte, eine Luftfeuchtigkeit von etwa 70 Prozent, zudem möglichst Ruhe und Dunkelheit.

Nicht jedem Weinfreund steht hierfür ein Gewölbekeller zur Verfügung, nur wenige haben die Möglichkeit, einen so außergewöhnlichen Wein-Silo einzurichten, wie er in diesem Kapitel vorgestellt wird. Zum Glück jedoch gibt es ein umfangreiches Angebot an Lager- und Kühlgeräten, die optimale Lagerbedingungen auch in der Wohnung versprechen. Viele Weinrestaurants machen die Lagerung ihres Weinsortiments zugleich zum Thema der Innenraumgestaltung und richten exklusive Weinkabinette und Schatzkammern ein.

Storing**Wine**

Pour les véritables connaisseurs, la conservation des vins est un sujet d'une extrême importance : les vins rouges, notamment, doivent être conservés pendant plusieurs années dans les meilleures conditions possibles tant que le moment adéquat pour ouvrir la bouteille n'est pas atteint. Plusieurs critères jouent un rôle particulièrement important dans ce domaine : la température, qui devrait se situer entre 5 et 16 degrés Celsius, une hygrométrie de 70 pour cent, en outre un maximum de calme et d'obscurité. Tous les amateurs de vin ne disposent pas dans ce but d'un caveau, rares sont ceux qui ont la possibilité d'installer un silo à vin aussi extraordinaire que celui qui est présenté dans ce chapitre. Heureusement, cependant, il existe une offre étendue de meubles de stockage et de réfrigération qui garantissent des conditions de conservation optimales, même dans les appartements. Beaucoup de restaurants à vin font simultanément du stockage de leur assortiment de vins un sujet d'agencement intérieur et aménagent des écrins pour le vin et des chambres de trésors exclusifs.

Storing**Wine**

ara un auténtico conocedor, la conservación del vino es un tema de la mayor

nportancia: en primer lugar, y sobre todo si son tintos, los vinos han de repo-

ar algunos años en las mejores condiciones posibles antes de que llegue el

romento oportuno de abrir las botellas. Son varios los factores que tienen

ran importancia: la temperatura, que ha de oscilar entre los 5 y los 16 grados

elsius, la humedad del aire, que ha de ser de un 70 por ciento aproximada-

rente, y además, la mayor tranquilidad y oscuridad posibles. No todos los afici-

rados al vino disponen de un sótano abovedado y sólo unos pocos tienen posi-

ilidad de hacerse construir un silo como el que se muestra en este capítulo.

ero por suerte hay una amplia oferta de aparatos para el almacenamiento y la

efrigeración, que prometen las condiciones óptimas de conservación incluso en

a vivienda. Muchos restaurantes especializados convierten el almacenamiento

e su surtido de vino en tema de la decoración interior y construyen exclusivos

abinetes y cámaras.

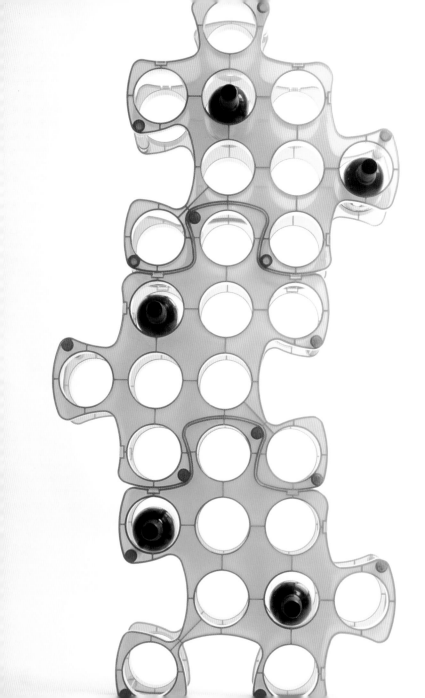

Storing**Wine**

Per i veri intenditori la conservazione del vino riveste la massima importanza, visto che soprattutto i rossi vanno fatti invecchiare alcuni anni alle migliori condizioni possibili prima che giunga il momento di stappare la bottiglia. I fattori rilevanti sono diversi: la temperatura, che dovrebbe essere compresa fra i 5 e 16 gradi centigradi, un'umidità pari al 70 per cento circa e il massimo riposo e buio possibili. Non tutti gli amanti del vino hanno a disposizione una cantina con soffitto a volta, e solo alcuni possono farsi realizzare una torre-cantina eccezionale come quella presentata in questo capitolo. Ma per fortuna ci sono molti dispositivi per la conservazione e il raffreddamento dei vini che promettono di ottenere le condizioni ottimali per conservare i vini anche in appartamento. Molti wine restaurant sfruttano la conservazione dei propri vini come aspetto del design d'interni e realizzano esclusivi caveau.

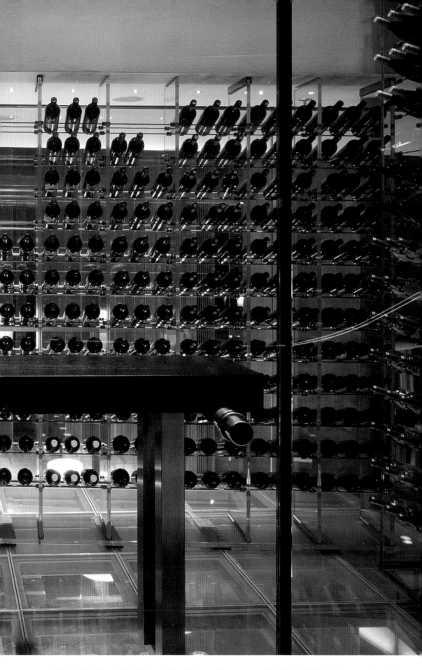

Since this site is located on flood plains, the owner was not able to implement a conventional cellar design, and his extensive wine collection totaling 2,500 bottles called for an innovative storage facility. The architects opted to create an air-conditioned wine silo with a unique tasting room on top.

Weil das Grundstück in einer Flussaue liegt, kam für die 2.500 Flaschen umfassende Weinsammlung des Bauherren kein normaler Kellerbau in Frage. Die Architekten schufen stattdessen ein klimatisiertes Wein-Silo mit einem außergewöhnlichen Probierraum in der obersten Ebene.

Étant donné que le terrain se situe sur une plaine alluviale, il n'était pas question pour les maîtres d'œuvre de bâtir une cave traditionnelle pour entreposer l'assortiment complet comptant 2 500 bouteilles de vin. Les architectes ont donc conçu à la place un silo à vin climatisée avec une salle de dégustation inhabituelle au niveau supérieur.

Como el terreno se encuentra en la vega de un río, se descartó desde el principio construir una bodega normal que acogiese las 2.500 botellas de la colección enológica del cliente. En lugar de ello, los arquitectos crearon un silo climatizado con una inusitada sala de catas en la planta más alta.

Dato che il terreno si trova lungo un fiume, per la collezione di vini del proprietario, composta da 2.500 bottiglie, non si poteva realizzare una normale cantina. Gli architetti hanno quindi ideato una torre-cantina climatizzata con uno straordinario locale degustazione all'ultimo piano.

A vital condition for optimal enjoyment of wine is to maintain a gentle and even storage temperature. This storage device has five temperature zones so that red wines, whites or champagnes can be stored simultaneously at their optimal drinking temperatures.

Eine langsame und gleichmäßige Temperierung der Weine ist eine wichtige Vorraussetzung für den optimalen Genuss. Fünf Temperaturzonen erlauben in diesem Gerät die gleichzeitige Lagerung von Rotweinen, Weißweinen oder Champagner bei jeweils optimaler Trinktemperatur.

La mise en température lente et homogène des vins est une condition primordiale pour garantir une dégustation optimale. Dans cet appareil, cinq zones de température différentes permettent de conserver simultanément des vins rouges, des vins blancs ou des champagnes à leur température de dégustation optimale respective.

La climatización lenta y regular de los vinos es un requisito muy importante para su disfrute óptimo. Cinco zonas de temperatura permiten en este aparato el almacenamiento de tintos, blancos o champagne a la temperatura ideal para su degustación.

Una regolazione della temperatura dei vini lenta e costante è un presupposto importante per gustare i vini nel modo ottimale. In questa cantinetta cinque zone a temperature diverse permettono di conservare contemporaneamente vini rossi, bianchi o champagne alla temperatura ottimale per ciascuna categoria.

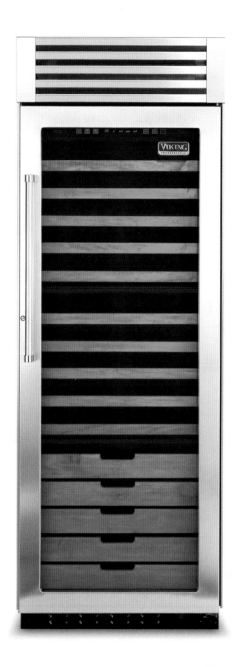

Modulocube, Modulorack and Modulotheque are three simple, yet exclusive wooden storage systems. While Modulocube and Modultheque help to select individual bottles at a glance, the Modulorack system stores wines in their original cases, with guaranteed easy access.

Modulocube, Modulorack und Modulotheque sind drei einfache, aber sehr hochwertige Lagersysteme aus Holz. Während Modulocube und Modulotheque der übersichtlichen Aufbewahrung der einzelnen Flaschen dienen, bietet das Modulorack die Möglichkeit, die Weine in ihren Originalkisten und dennoch leicht zugänglich zu lagern.

Le Modulocube, le Modulorack et le Modulotheque sont trois systèmes de stockage en bois simples, mais de très haute qualité. Alors que le Modulocube et le Modulotheque servent à la conservation ordonnée de bouteilles individuelles, le Modulorack permet d'entreposer les vins dans leurs caisses d'origine tout en les rendant très accessibles.

Modulocube, Modulorack y Modulotheque son tres sistemas de almacenamiento hechos de madera, sencillos, pero de gran calidad. Mientras Modulocube y Modulotheque sirven para guardar metódicamente botellas sueltas, Modulorack ofrece la posibilidad de almacenar los vinos en sus cajas originales, pero siempre al alcance de la mano.

Modulocube, Modulorack e Modulotheque sono tre sistemi realizzati in legno per la conservazione del vino, semplici ma di qualità. Modulocube e Modulotheque servono a conservare le singole bottiglie in modo ordinato, mentre Modulorack offre la possibilità di tenere i vini nelle cassette originali e di prelevare facilmente ogni bottiglia.

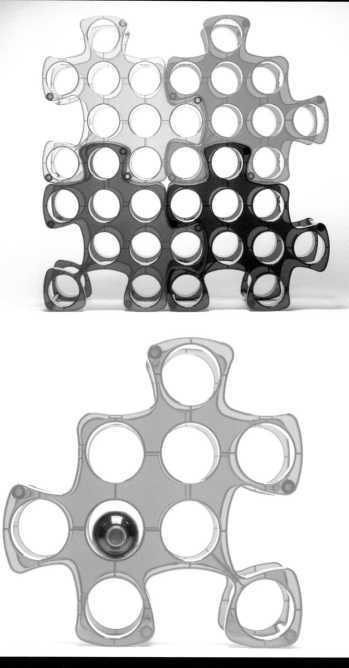

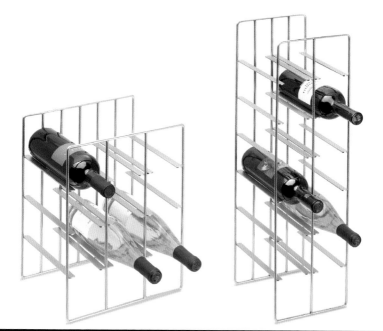

Proper storage of vintage wines is made easy by a variety of innovative and aesthetically-styled systems made from diverse materials such as steel, aluminum, wood or plastics.

Um edle Weine adäquat lagern zu können, wurde eine Vielzahl origineller und formschöner Systeme aus unterschiedlichen Materialien wie Stahl, Aluminium, Holz oder Kunststoff entwickelt.

Pour pouvoir entreposer correctement des vins haut de gamme, une multitude de systèmes originaux et esthétiques en acier, en aluminium, en bois ou en matière plastique ont été mis au point.

Para poder almacenar adecuadamente vinos de calidad, se ha desarrollado una gran variedad de sistemas originales y estéticos de los más diferentes materiales como acero, aluminio, madera o plástico.

Per poter conservare in modo adeguato i vini pregiati è stata creata una moltitudine di sistemi originali, all'estetica accattivante, nei materiali più disparati, come acciaio, alluminio, legno o plastica.

Wine Accessories   Wine Glasses
Weinaccessoires   Weingläser
Accessoires pour le vin   Verres à vin
Accesorios para vino   Copas de vino
Accessori per il vino   Bicchieri

Enjoying **Wine**

Cork Screws	Wine Decanters
Korkenzieher	Dekantierkaraffen
Tire-bouchon	Carafes à décanter
Sacacorchos	Decantadores de vino
Cavatappi	Caraffe di decantazione

Enjoying **Wine**

To take maximum pleasure from wine, a number of essential factors have to be met. The choice of glassware is vital: selecting the proper glass can enhance the taste and volume of vintage wines, in particular, while the wrong shape of glass can spoil the complexity of the bouquet. Wine temperature, naturally, plays a major role. Special wine refrigerators maintain the exact chilling temperature required for storage, while high-class design features and glass fronts ensure an appealing look. Wine lovers can choose from a variety of different gadgets to help open and seal the bottles, ranging from electric corkscrews to vacuum sealers. Anticipating how fast or slow a wine will age, the Clef du Vin simulates years of a wine's maturing process by rapid immersion. A prognosis can then be made about the optimum time to drink each wine. The following chapter deals with this topic and a selection of other useful and excellently styled accessories, covering the whole spectrum of wine paraphernalia.

Enjoying **Wine**

Um einen Wein optimal genießen zu können, muss eine Vielzahl von Bedingungen erfüllt sein. So ist die Wahl des Trinkgefäßes von großer Bedeutung: Gerade edle Tropfen können durch das richtige Glas noch an Geschmack und Volumen hinzugewinnen, während eine ungeeignete Form die Entfaltung der Aromen beeinträchtigt. Großen Einfluss hat natürlich auch die Temperatur des Weines. Spezielle Weinkühlschränke erlauben eine exakte Temperierung und sorgen gleichzeitig durch nobles Design und transparente Fronten für ein attraktives Erscheinungsbild. Für das Öffnen und Verschließen der Flaschen stehen dem Weinfreund eine Vielzahl unterschiedlicher Hilfsmittel zur Verfügung – vom elektrischen Korkenzieher bis hin zum Vakuum-Verschluss. Einen Blick in die Zukunft eines Weines verspricht der Clef du Vin, ein Katalysator, der durch kurzes Eintauchen einen jahrelangen Reifeprozess des Weines simuliert und damit eine Prognose für den optimalen Trinkzeitpunkt erlaubt. Dieses und eine Auswahl weiterer nützlicher und exzellent gestalteter Accessoires rund um das Thema Wein zeigt das folgende Kapitel.

Enjoying **Wine**

Pour pouvoir apprécier le vin de manière optimale, plusieurs conditions doivent être remplies. Ainsi le choix du récipient pour boire le vin revêt-il une grande importance : ces gouttes précieuses peuvent en effet encore gagner en goût et en volume si l'on emploie le verre approprié, alors qu'une forme inadaptée de celui-ci peut nuire au développement des arômes. Bien entendu, la température du vin joue également un grand rôle. Des armoires réfrigérantes spéciales permettent de maintenir une température précise et garantissent simultanément une présentation attrayante de par leur design élaboré et leur façade transparente. Pour l'ouverture et la fermeture des bouteilles, l'amateur de vin dispose d'une grande variété d'objets : du tire-bouchon électrique au dispositif de fermeture assurant le vide. La Clef du Vin, un catalyseur, donne même une idée de ce que sera le monde d'un vin : en le plongeant brièvement dans le liquide, il simule le processus de vieillissement du vin sur plusieurs années et donne ainsi une indication sur le moment optimal pour déguster. Le chapitre qui suit présente cet objet ainsi qu'une sélection d'autres accessoires utiles et parfaitement conçus tout autour du thème du vin.

Enjoying **Wine**

Para poder disfrutar del vino de forma idónea se tiene que cumplir una serie de condiciones. Tiene gran importancia la elección de la copa: los caldos nobles pueden ganar en sabor y volumen con recipiente adecuado, mientras que una forma inapropiada interfiere en el despliegue de los aromas. Naturalmente, posee también una gran influencia la temperatura del vino. Armarios refrigerados especiales permiten mantener una temperatura exacta y al mismo tiempo, con su elegante diseño y los frentes transparentes, resultan también muy atractivos a la hora de presentar los vinos. Para abrir y cerrar las botellas, el aficionado al vino dispone de una gran variedad de utensilios: desde sacacorchos eléctricos hasta tapones al vacío. La Clef du Vin proporciona una visión del futuro del vino. Se trata de un catalizador que con una breve inmersión simula un proceso de años en la maduración del vino, permitiendo así pronosticar el momento ideal para su consumo. El siguiente capítulo muestra este y otros prácticos accesorios de excelente diseño en torno al tema del vino.

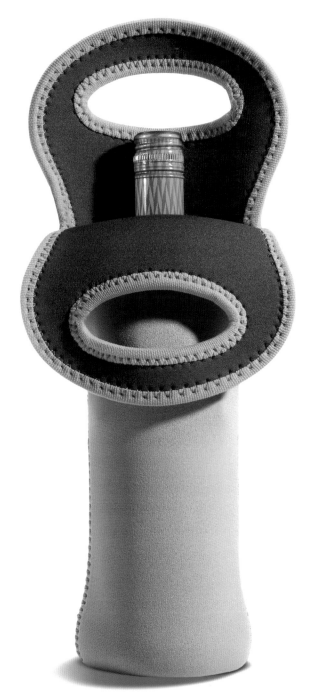

Enjoying **Wine**

Per poter gustare appieno il vino devono essere soddisfatte diverse condizioni. La scelta del bicchiere riveste una grande importanza: il calice adatto permette ai vini pregiati di guadagnare in gusto e corpo, mentre una forma non adatta impedisce agli aromi di svilupparsi completamente. Naturalmente anche la temperatura di degustazione influisce molto. Speciali cantinette climatizzate permettono di conservare i vini alla giusta temperatura e al contempo conferiscono un aspetto attraente all'ambiente grazie all'elegante design e alle superfici trasparenti. Per stappare e richiudere le bottiglie gli amanti del vino hanno a disposizione una moltitudine di accessori, che vanno dal cavatappi elettrico ai sistemi sottovuoto. Permette di gettare un'occhiata al futuro di un vino la Clef du Vin, un catalizzatore che, immerso brevissimamente nel vino, ne simula un processo di invecchiamento di alcuni anni, consentendo di fare una previsione sul momento ideale per berlo. Il presente capitolo mostra una selezione di utili accessori dall'eccellente design.

The optimum drinking temperature for dry wines that are high in acidity is 45 to 48 degrees Fahrenheit. Full-bodied red wines should be consumed at 57 to 64 degrees Fahrenheit. On those hot summer evenings, practical cooling sleeves can "rapid chill" a wine.

Die optimale Trinktemperatur liegt zwischen 7 bis 9 Grad Celsius bei trockenen, säurereichen Weißweinen und 14 bis 18 Grad Celsius bei gehaltvollen Rotweinen. Praktische Kühlmanschetten erlauben die „Blitzkühlung" eines Weines an heißen Sommerabenden.

La température de dégustation optimale est de 7 à 9 degrés Celsius pour les vins blancs secs et riches en acidité et de 14 à 18 degrés Celsius pour les vins rouges charpentés. Des manchons de refroidissement pratiques permettent le « refroidissement éclair » du vin lors de chaudes soirées estivales.

La temperatura de consumo óptima oscila entre los 7 y los 9 grados Celsius para los vinos blancos secos y con acidez, y entre los 14 y los 18 grados Celsius para los tintos con cuerpo. Las prácticas "camisas" refrigerantes permiten enfriar rápidamente un vino en las cálidas noches veraniegas.

La temperatura ottimale per assaporare i vini va dai 7 ai 9 gradi per i vini bianchi secchi e acidi e dai 14 ai 18 gradi per i vini rossi corposi. Pratici raffredda bottiglie permettono un "raffreddamento rapido" del vino nelle calde serate estive.

A variety of helpful devices were designed for the basic process of uncorking the wine: simple cork screws, classic waiter's friend corkscrews, screwpull table and pressurized corkscrews that extract the corks from a bottle in an ultra-delicate way without spoiling the wine.

Für den an sich einfachen Vorgang des Entkorkens wurde eine Vielzahl unterschiedlicher Hilfsmitte entwickelt: einfache Korkenzieher, klassische Kellnermesser, Tischkorkenzieher und Überdruckkorken zieher, die den Korken besonders sanft und schonend aus der Flasche drücken.

Une multitude de différents instruments ont été mis au point pour ce geste relativement simple consis tant à déboucher une bouteille : des tire-bouchons ordinaires, des couteaux de serveur classiques, des tire-bouchons de table et des tire-bouchons sous pression qui permettent de retirer le bouchon de la bouteille facilement et en douceur.

Para el sencillo hecho de descorchar se ha desarrollado un gran número de utensilios: los sacacorchos sencillos, los clásicos de "camarero", de mesa y a presión, que retiran el corcho de la botella de un modo especialmente suave y cuidadoso.

Per stappare le bottiglie, un'azione di per sé semplice, sono stati ideati molteplici strumenti diversi: nor mali cavatappi, classici cavatappi da cameriere, cavatappi da banco e poi quelli a gas, che estraggono il tappo dalla bottiglia in modo particolarmente delicato.

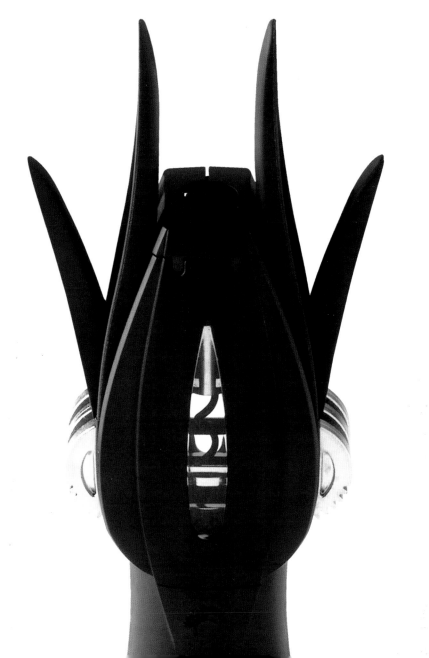

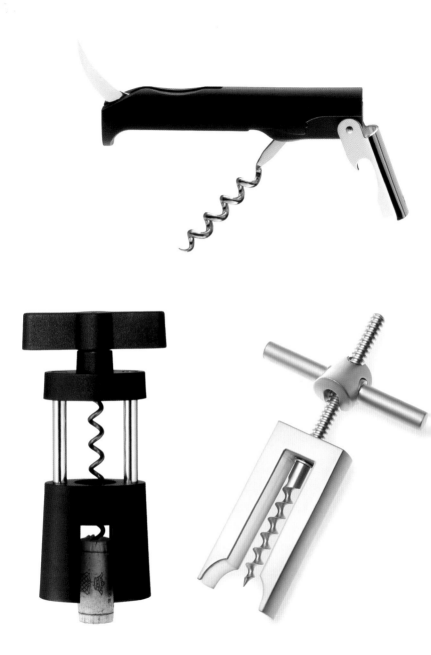

Sophisticated red wines and even top-quality whites can only truly develop their aromas when they undergo oxygenation. Special decanting carafes are shaped to allow the largest possible surface area of the wine to get in contact with the room's atmosphere.

Edle Rotweine, aber auch hochwertige Weißweine können erst durch den Kontakt mit Sauerstoff ihre Aromen voll entfalten – spezielle Dekantierkaraffen sind darum so geformt, dass der Wein eine möglichst große Oberfläche zur Raumluft bildet.

Les vins rouges nobles, mais aussi les vins blancs haut de gamme ne peuvent pleinement développer leurs arômes qu'au contact de l'oxygène – des carafes à décanter spéciales ont été ainsi imaginées avec une forme telle que le vin présente la plus grande surface possible à l'air ambiant.

Los tintos nobles pero también los blancos de calidad, han de entrar en contacto con el oxígeno para desplegar plenamente sus aromas. La forma de los decantadores especiales está concebida para que la mayor superficie de vino posible tome contacto con el aire.

I rossi pregiati, ma anche i bianchi di qualità, sono in grado di sviluppare pienamente i propri aromi solo entrando in contatto con l'ossigeno – speciali caraffe di decantazione sono quindi conformate in modo tale che il vino presenti un'ampia superficie a contatto con l'aria.

Riedel Glas – Cornetto Magnum Black Decanter and Black Stemless Tasting Glass |

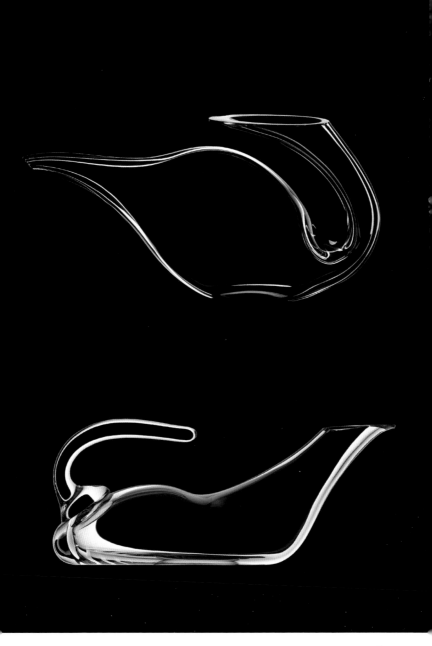

To prevent a wine's deterioration from advanced oxygenation in a pre-opened bottle, a range of sealing systems are on the market—from tightly sealing wine savers to vacuum sealers that prevent a wine's continuing oxygenation.

Um zu verhindern, dass der Wein in einer geöffneten Flasche durch fortschreitende Oxidation an Qualität verliert, werden verschiedene Verschluss-Systeme angeboten – vom dicht schließenden Stopfen bis hin zur Vakuumverschluss, der einen weiteren Sauerstoffkontakt des Weines verhindert.

Afin d'éviter que le vin ne perde en qualité dans une bouteille ouverte en raison d'une oxydation excessive, différents systèmes de fermeture ont été élaborés, notamment le bouchon assurant une fermeture étanche ou la fermeture sous vide qui empêche tout contact ultérieur du vin avec l'oxygène.

Para evitar que el vino de una botella abierta pierda calidad por el aumento de la oxidación se ofrecen diferentes sistemas de taponado: desde tapones de cierre aislante hasta tapones al vacío, que impiden que el vino siga en contacto con el oxígeno.

Per evitare che il vino in una bottiglia aperta perda qualità a causa del processo di ossidazione esistono diversi sistemi di chiusura, dal tappo ermetico al sistema sottovuoto (pompetta e tappi), che impedisce che il vino venga ancora a contatto con l'ossigeno.

Directory
Verzeichnis
Annuaire
Directorio
Indice

p. 8 left, 14, 24/25:

YYZ Restaurant & Wine Bar
345 Adelaide Street W, Toronto, ON M5V 1R5, Canada
P +1 416 599 3399

Design: Eppstadt Design, Toronto, ON, Canada
www.eppstadtdesign.com

Photos: David Whittaker

p. 6, 13 center, 16, 26, 27:

Terzo
3011 Steiner Street, San Francisco, CA 94123, USA
P +1 415 441 3200, www.terzosf.com

Design: CCS Architecture, San Francisco, CA, USA
www.ccs-architecture.com, info@ccs-architecture.com

Photos: Art Grey

p. 28/29:

Pluckemin Inn
359 Route 202/206, Bedminster, NJ 07921, USA
P +1 908 658 9292, www.pluckemininn.com

Design: DAS Architects, Philadelphia, PA, USA
www.dasarchitects.com

Photos: Peter Paige

p. 30/31:

Le Cirque
1 Beacon Court, 151 E 58th Street, New York, NY 10022, USA
P +1 212 644 0202, www.lecirque.com

Design: Tihany Design, New York, NY, USA
www.tihanydesign.com

Photos: Eric Laignel

p. 12 center, 32, 33, back cover:

The White Tower Bar, Radisson SAS Hotel
London Stansted Airport, Waltham Close, Essex CM24 1PP, UK
P +44 127 966 1012, www.radissonsas.com

Interior Design: Aukett Fitzroy Robinson, London, UK
www.aukett.com
Lighting Design: Speirs and Major Associates, London, UK
www.samassociates.com

Photos: Chris Gascoigne

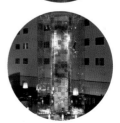

Drinking**Wine**

p. 20, 34/35:

Cantina Vinopolis
1 Bank End, London SE1 9BU, UK
P +44 20 7940 8333, www.cantinavinopolis.com

Design: JESTICO + WHILES, London, UK
www.jesticowhiles.co.uk

Photos: James Morris

p. 36–41:

Hotel Rathaus, Wein & Design
Lange Gasse 13, 1080 Vienna, Austria
P +43 1 400 1122, www.hotel-rathaus-wien.at

*Photos: ART / Lehmann (p. 36, 37, 39–41),
ART / Petr Blaha (p. 38)*

p. 42, 43:

Prandtauerhof
Weingut Holzapfel, Joching 36, 3610 Weißenkirchen, Austria
P +43 2 715 2310, www.holzapfel.at

Photos: ART (p. 42), ART / Petr Blaha (p. 43)

p. 3, 7 right, 44–47:

wine & spa resort LOISIUM hotel
Loisiumallee 2, 3550 Langenlois, Austria
P +43 2 734 7710 00, www.loisiumhotel.at

Design: Steven Holl Architects, New York, NY, USA
www.stevenholl.com

*Photos: LOISIUM / Robert Herbst (p. 46 bottom),
LOISIUM / Hauke Dressler (p. 3, 7 right, 44, 45, 46 top, 47)*

p. 7 left, 12 right, 48, 49:

Grapevine Gazebo – Viniční altán
Havlíčkovy sady 1369, Gröbovka, Prague 2, Czech Republik
P +42 0224 26 28 61, www.vinicni-altan.cz

Design: d u m architekti, Prague, Czech Republik
wwww.duma.cz

Photos: Filip Slapal

p. 11 right, 13 left, 50–55:

Pergola Residence
Kassianweg 40, 39022 Algund, Italy
P +39 0473 201 435, www.pergola-residence.it

Design: Matteo Thun, Milan, Italy
www.matteothun.com

Photos: Pergola Residence

p. 56, 57:

Batzenhäusl / Ca' de Bezzi
Andreas-Hofer-Straße 30, 39100 Bozen, Italy
P +39 0471 050 950, www.batzen.it

Design: Christoph Mayr Fingerle, Bozen, Italy
www.mayrfingerle.com

Photos: Archiv Mayr Fingerle (p. 56, 57 top),
Günter Richard Wett (p.57 bottom)

p. 13 right, 58–61:

vigilius mountain resort
Vigiljoch, 39011 Lana, Italy
P +39 0473 556 600, www.vigilius.it

Design: Matteo Thun, Milan, Italy
www.matteothun.com

Photos: vigilius mountain resort

p. 12 left, 18, 62–65:

Steenberg Hotel
Tokai Road, Constantia, 7945 Cape Town, South Africa
P +27 21 713 2222, www.steenberghotel.com

Photos: Steenberg Hotel

p. 66/67:

Restaurant Lafite, Shangri-La Hotel
11 Jalan Sultan Ismail, 50250 Kuala Lumpur, Malaysia
P + 60 3 2074 3900, www.shangri-la.com

Design: Tihany Design, New York, NY, USA
www.tihanydesign.com

Photos: Masano Kawana

p. 68, 69:

The Deanery Restaurant and Wine Store
13 Bligh Place, Melbourne, VC 3000, Australia
P +61 3 9629 5599, www.thedeanery.com.au

Design: atelier techné, Melbourne, VC, Australia
www.ateliertechne.com.au

Photos: Shannon McGrath

p. 70/71, back cover:

Must Winebar
519 Beaufort Street, Perth, WA 6003, Australia
P +61 8 9328 8255, www.must.com.au

Design: Taylor Robinson, West Leederville, WA, Australia
www.tayrob.com.au and Marshall Kusinski, Perth, WA, Australia
www.mkdc.com.au

Photos: Stefan Gosatti

p. 22, 72, 73:

Montalto Vineyard
33 Shoreham Road, Red Hill South, VC 3937, Australia
P +61 3 5989 8412, www.montalto.com.au

Design: WilliamsBoag Architects, Melbourne, VC, Australia
www.williamsboag.com.au

Photos: Tony Miller

p. 74, 75, 104/105:

Craggy Range
253 Waimarana Road, Havelock North, Hawkes Bay 4201,
New Zealand
P +64 6 873 7126, www.craggyrange.com

Design: Blair & Co Ltd, Queenstown, New Zealand
P +64 3 442 7596

Photos: Craggy Range

p. 76 center, 88/89:

Mission Hill Family Estate Winery
1730 Mission Hill Road, Westbank, BC V4T 2E4, Canada
P +1 250 768 6498, www.missionhillwinery.com

Design: Olson Sundberg Kundig Allen, Seattle, WA, USA
www.olsonsundberg.com

Photos: Brian Sprout

p. 76 left, 78:

Quintessa
1601 Silverado Trail, St. Helena, CA 94574, USA
P +1 707 967 1601, www.quintessa.com

Design: Walker Warner Architects, San Francisco, CA, USA
www.walker-warner.com

Photo: Mark Defeo

p. 80, 90, 91:

Stryker Sonoma
5110 Highway 128, Geyserville, CA 95441, USA
P +1 707 433 1944, www.strykersonoma.com

Design: Nielsen:Schuh Architects, Sonoma, CA, USA
P +1 707 996 2746

Photos: Stryker Sonoma images, Richard Schuh

p. 9 center, 77 right, 92–95:

Murray Vineyard Barn
Sonoma Moutain Road, Glen Ellen, CA 95442, USA

Design: aidlin darling design, San Francisco, CA, USA
www.aidlin-darling-design.com
Landscape Design: Marta Fry Landscape Associates,
San Francisco, CA, USA
www.mflastudio.com

*Photos: Julie Belanger (p. 77 right, 92/93),
John Sutton (p. 9 center, 94), Ben Tanner (p. 95)*

p. 76 right, 96/97:

Bodegas Ysios
Camino del la Hoya s/n, 01300 Laguardia, Spain
P +34 945 600 640, www.bodegasysios.com

Santiago Calatrava, Zurich, Switzerland
www.calatrava.com

Photos: Christoph Kraneburg

p. 98, 99:

Citadella del Vino / Cantine Mezzacorona
Via del Teroldego 1, 38016 Mezzacorona, Italy
P +39 0461 616 401, www.mezzacorona.it

Design: Studio Cecchetto, Venice, Italy
www.studiocecchetto.com

Photos: Citadella del Vino

Growing**Wine**

p. 100/101:

MANINCOR
St. Josef am See 4, 39052 Kaltern, Italy
P +39 0471 960 230, www.manincor.com

Design: Angonese, Boday, Köberl
www.angonesewalter.it

Photos: Archiv BILDRAUM 2004

p. 77 left, 82:

Dornier Wines
Blaauwklippen Road, 7599 Stellenbosch, South Africa
P +27 21 880 0557, www.dornierwines.co.za

Design: Christoph Dornier, Stellenbosch, South Africa
Malherbe Rust Architects, Paarl, South Africa
P +27 21 872 1623

Photos: Jeremy Browne

p. 102/103:

Watershed Premium Wines
Corner Busell Highway, Magaret River, WA 6285, Australia
P +61 8 9758 8633, www.watershedwines.com.au

Design: Grounds Kent Architects, Fremantle, WA, Australia
www.gkaperth.com, gka@gkaperth.com

Photos: Romney Noonan

p. 77 center, 84:

Lerida Estate
The Vineyards, Lake George, NSW 2581, Australia
P +61 2 6295 6640, www.leridaestate.com

Design: Glenn Murcutt, Sydney, NSW, Australia

Photos: Anthony Browell

p. 86:

Villa Maria Estate
118 Montgomerie Road, Auckland 1701, New Zealand
P +64 9 255 0660, www.villamaria.co.nz

Design: Archimedia, Auckland, New Zealand
www.aechimedia.co.nz

Photos: Kallan MacLoad

p. 106/107:

Peregrine
Gibbston Highway, Queenstown, New Zealand
P +64 3 442 4000, www.peregrinewines.co.nz

Design: ARCHITECTURE WORKSHOP, Wellington, New Zealand
www.archwksp.co.nz

Photos: Patrick Reynolds

---

p. 122, 123:

Jackson-Triggs Niagara Estate Winery
2145 Regional Road 55, Niagara-on-the-Lake, ON L0S 1J0, Canada
P +1 866 589 4637, www.jacksontriggswinery.com

Design: KPMB Architects, Toronto, Canada
www.kpmb.com

Photos: Tom Arban

p. 116:

Finca Antigua
Carretera Quintanar, 16417 Los Hinojosos, Cuenca, Spain
P +34 969 129 700, www.martinezbujanda.com

Photos: Camará Oscura

p. 109 left, 124–127:

Bodegas Baigorri, S.A.
Carettera Vitoria-Logroño, 01307 Samaniego, Álava, Spain
P +34 945 609 420, www.bodegasbaigorri.com

Design: IÑAKI ASPIAZU IZA ARCHITECTURE STUDIO,
Vitoria-Gasteiz, Spain, www.aspiazu.com

*Photos: Estudio Arquitectura IAI (p. 109 left, 126, 127),
Aurofoto (p. 124, 125)*

p. 128/129:

Bodega Otazu
31174 Echauri, Navarra, Spain
P +34 948 329 200, www.otazu.com

Design: Jaime de Gaztelu Quijano, Ana Fernández de Mendia,
Pamplona, Spain; Design cellar-vault: Juan José Arenas de
Pablo, Santander, Spain

Photos: Christoph Kraneburg

p. 109 right, 114, 154/155, 275 left:

Marqués de Riscal
Calle Torrea, 1, 01340 Elciego, Álava, Spain
P +34 945 606 000, www.marquesderiscal.com

Photos: Christoph Kraneburg

p. 112, 118, 152/153:

Enate
Carettera de Barbastro a Naval
22314 Salas Bajas, Huesca, Spain
P +34 974 302 580, www.enate.es

Photos: Christoph Kraneburg

p. 130, 131, front cover, spine:

Juan Alcorta
Camino de Lapuebla 50, 26006 Logroño, Spain
P +34 941 279 900, www.bodegasjuanalcorta.com

Design: Ignacio Quemada Architect

Photos: Domecq Bodegas

p. 158, 159:

Domaine de la Pousse d'Or
21190 Volnay, Côte d'Or, France
P +33 3 80 21 61 33, www.lapoussedor.fr

Photos: Christoph Kraneburg

p. 120/121, 136/137, 156/157:

Maison Louis Latour
18, rue des Tonneliers, 21204 Beaune, France
P +33 3 80 24 81 10, www.louislatour.com

Photos: Christoph Kraneburg

Producing**Wine**

p. 110:

Château Talbot
33250 Saint-Julien-Beychevelle, France
P +33 5 56 73 21 50, www.chateau-talbot.com

Photos: Christoph Kraneburg

p. 132/133:

Château Palmer
Cantenac, 33460 Margaux, France
P +33 5 57 88 72 72, www.chateau-palmer.com

Photos: Christoph Kraneburg

p. 134/135:

Château du Tertre
Société Anonyme d'Exploitation du Château Giscours
Labarde, 33460 Margaux, France
P +33 5 57 97 09 09

Photos: Christoph Kraneburg

p. 160/161:

Saint-Gobain Oberland AG
Oberlandstraße, 88410 Bad Wurzach, Germany
P +49 7564 180, www.saint-gobain-oberland.de

Photos: Saint-Gobain Oberland AG

p. 11 left, 138, 139:

Weingut Umathum
St.-Andräer-Straße, 7132 Frauenkirchen, Austria
P +43 2 172 244 00, www.umathum.at

Design: Martin Promintzer, Vienna, Austria
P +43 1 512 5865

Photos: Franz Helmreich

Producing**Wine**

p. 140/141:

LOISIUM Cellar World, Franz Steininger Weinkeller
Loisiumallee 1, 3550 Langenlois, Austria
P +43 2 734 32240, www.loisium.at

Design: Steiner Sarnen Schweiz, Sarnen,
Switzerland, www.steinersarnen.ch

Photos: LOISIUM / Robert Herbst

p. 142–145:

Petra
Località San Lorenzo Alto 131, 57028 Suvereto, Italy
P +39 0565 845 308, www.petrawine.it

Design: Mario Botta Architetto, Lugano, Switzerland
www.botta.ch

Photos: Enrico Cano

p. 108 left, 109 center, 146, 147:

Kellerei Kaltern / Caldaro
Kellereistraße 12, 39052 Kaltern, Italy
P +39 0471 963 149, www.kellereikaltern.com

Photos: Archiv: Kellerei Kaltern

p. 148, 149:

Shadowfax Winery
Kroad, Werribee, Melbourne, VC 3030, Australia
P +61 3 9731 4420, www.shadowfax.com.au

Design: Wood/Marsh Architecture, Melbourne, VC, Australia
www.woodmarsh.com.au

Photos: Tim Griffith

p. 108 center, 108 right, 150, 151:

Craggy Range
253 Waimarana Road, Havelock North, Hawkes Bay 4201,
New Zealand
P +64 6 873 7126, www.craggyrange.com

Design: Blair & Co Ltd, Queenstown, New Zealand
P +64 3 442 7596

Photos: Craggy Range

p. 162 center, 163 center, 166, 174, 175:

Bodegas Baigorri, S.A.
Carettera Vitoria-Logroño, 01307 Samaniego, Álava, Spain
P +34 945 609 420, www.bodegasbaigorri.com

Design: IÑAKI ASPIAZU IZA ARCHITECTURE STUDIO,
Vitoria-Gasteiz, Spain, www.aspiazu.com

Photos: DDA Comunicación

p. 168:

Château Pichon-Longueville
33250 Pauillac, France
P +33 5 56 73 17 17, www.pichonlongueville.com

Photos: Christoph Kraneburg

p. 176/177:

Château du Tertre
Société Anonyme d'Exploitation du Château Giscours
Labarde 33460 Margaux, France
P +33 5 57 97 09 09

Photos: Christoph Kraneburg

p. 172:

Weingut Pfneisl
Gutshof Mutschen, 7452 Frankenau, Austria
P +43 2 615 812 99, www.wine-pentagon.com

Design: Dietmar Gasser Architekt, Oberwart, Austria
www.gasser-arch.at

Photos: Büro Gasser

p. 162 right, 178–181:

Weingut Ploder-Rosenberg
8093 St. Peter a.O./86, Austria
P +43 3 477 3234, www.ploder-rosenberg.at

Design: thaler.thaler architekten, Vienna, Austria
P +43 1 526 814 24

Photos: Sina Baniahmad

p. 163 left, 170, 182, 183:

Weingut Sattlerhof
8462 Senau 2, Austria
P +43 3 453 2556, www.sattlerhof.at

Design: ALBERTONI Architektur · Design, Vienna, Austria
www.albertoni.at

Photos: Gerd Kressl

p. 163 right, 184/185:

Weingut Gernot & Heike Heinrich
Baumgarten 60, 7122 Gols, Austria
P +43 2 173 3176, www.heinrich.at

Interior Design: PropellerZ, Vienna, Austria, www.propellerz.at
Building Design: Werner Schüttmayr, Vienna, Austria

Photos: Roland Ungers

p. 186, 187:

Barossa Valley Estate Limited
Seppeltsfield Road, 5355 Marananga, SA, Australia
P +61 8 562 3599, www.bve.com.au

Design: Stafforf Architects, Adelaide, SA, Australia
www.staffordarchitects.com.au and
Woodhead International, www.woodhead.com.au

Photos: Simon Casson

p. 11 center, 190, 191:

Shadowfax Winery
Kroad, Werribee, 3030 Melbourne, VC, Australia
P +61 3 9731 4420, www.shadowfax.com.au

Design: Wood/Marsh Architecture, Melbourne, VC, Australia
www.woodmarsh.com.au

Photos: Tim Griffith

p. 162 left, 164, 188, 189:

Peregrine
Gibbston Highway, Queenstown, New Zealand
P +64 3 442 4000, www.peregrinewines.co.nz

Design: ARCHITECTURE WORKSHOP, Wellington, New Zealand
www.archwksp.co.nz

Photos: Patrick Reynolds

p. 194, 202, 204–207:

Hischier Weine, Weinhandel und Import
Zwingarten 24, 3902 Brig-Glis, Switzerland
P +41 27 924 36 58, www.hischierweine.ch

Design: Steinmann & Schmid Architekten, Basel, Switzerland
www.steinmann-schmid.ch

Photos: Ruedi Walti, Basel

p. 192 center, 193 left, 198, 208–213:

LOISIUM Visitors' Center, LOISIUM Cellar World
Loisiumallee 1, 3550 Langenlois, Austria
P +43 2 734 3224 0, www.loisium.at

Design Visitor's Center: Steven Holl Architects,
New York, NY, USA, www.stevenholl.com
Design Cellar World: Steiner Sarnen Schweiz, Sarnen,
Switzerland, www.steinersarnen.ch

Photos: LOISIUM / Robert Herbst

p. 214, 215:

Weinkulturhaus
Hauptplatz 20, Gols, Austria
www.weinkulturhaus.at

Interior Design: i-arch Michael Maier, Fohnsdorf, Austria
P +43 0664 214 1528
Building Design: Eberstaller& Co GmbH, Gols, Austria
P +43 2 173 2255

Photos: i-arch, Michael Maier

p. 192 left, 200, 216, 217:

Weinarchiv Bildein
Florianigasse 1, 7521 Güssing, Austria
P +43 3 323 2597, www.bildein.at

Design: Dietmar Gasser Architekt, Oberwart, Austria
www.gasser-arch.at

Photos: Büro Gasser

p. 192 right, 193 right, 196, 218, 219:

Höplers Weinräume
Hauptstraße 52, 7092 Winden am See, Austria
P +43 2 683 2390 730, www.weinraeume.at

Design: Christof Höpler, Conrad Kroenke, Christian Deix,
Guntram Münster

Photos: Christian Deix

Promoting**Wine** / Presenting**Wine**

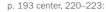

p. 193 center, 220–223:

winecenter
Kellerei Kaltern / Caldaro, Bahnhofstraße 7, 39052 Kaltern, Italy
P +39 0471 966 067, www.winecenter.it

Design: feld72, Vienna, Austria
www.feld72.at

Photos: Hertha Hurnaus

p. 226: Frontier Red, Fess Parker Winery, www.fessparker.com
p. 242: Jax Vineyards, www.jaxvineyards.com
p. 243: Tamás Estates Winery, www.tamasestates.com

MOD / Michael Osborne Design
444 De Haro Street, San Francisco, CA 94107, USA
P +1 415 255 0125, www.modsf.com

Photos: MOD / Michael Osborne Design

p. 225 left, 228, 246–249: Jug Simple Wine Furniture,
Carlo Rossi Vineyards, www.carlorossi.com

Jay Blazek
Artist, Seattle, WA, USA

Cole & Weber United
221 Yale Avenue N., Seattle, WA 98109, USA
P +1 206 447 9595, www.coleweber.com

Photos: provided by Carlo Rossi

p. 225 center, 230, 252, 253:
Michael Broger Weinbau, www.broger-weinbau.ch

formidable.ch
Melanie Brunner, Alexandra Zemp
Oberfeldstrasse 3, 9442 Berneck, Switzerland
P +41 71 740 07 35, www.formidable.ch

Photos: formidable.ch

p. 224 center, 268: The Hair of the Dog, www.belgravepark.com
p. 232: I&B Imports – Vintellect
p. 268/269: Frog Island, www.frogisland.com.au
p. 269: Working Dog, www.robertsestatewines.com

GLD Graphic Language Design
First Floor, 181 Halifax Street, Adelaide, SA 5000, Australia
P +61 8 8232 3577, www.gldesign.com.au

Photos: GLD Graphic Language Design
Mike Connell, Orange Lane Studios (Hand & Wines, Vintellect Label)

p. 225 right, 234, 264, 265: Western Cape Vineyards, South Africa
p. 250: Schug Carneros Estate Winery, www.schugwinery.com

Westcott Design
875 Martin Street, Glen Ellen, CA 95442, USA
P +1 707 939 7778, www.westcottdesign.com

Photos: Westcott Design – Ginny Westcott-Wark

p. 236: Inniskillin Winery, www.inniskillin.com
p. 237: Fog Dog, Joseph Phelps Vineyards, www.jpvwines.com
p. 238, 239: Chalk Hill Estate, www.chalkhill.com

ICON Design Group / Jeffrey Caldewey, Chuck House
5301 Redwood Road, Napa, CA 94558, USA
P +1 707 252 6666, www.icondesigngroup.net

Authors of the book ICON: Art of the Wine Label

Photos: Robert M. Bruno

p. 224 left, 240: Shelf Talkers
p. 241: Bottle and Label Design

Roshambo Winery
3000 Westside Road, Healdsburg, CA 95448, USA
P +1 707 431 2051, www.roshambowinery.com

Photos: Roshambo Winery

p. 224 right, 244/245: Sokol Blosser, www.evolutionwine.com
p. 244/245: Sokol Blosser, www.meditrinawine.com

Sandstrom Design, Inc.
808 SW Third Avenue, Suite 610, Portland, OR 97204, USA
P +1 503 248 9466, www.sandstromdesign.com

Photos: Sokol Blosser Winery

p. 251: NIEPOORT (VINHOS) S.A., www.niepoort-vinhos.com

alessandri design
Rufgasse 3, 1090 Vienna, Austria
P +43 1 310 4401, www.alessandri-design.at

Photos: Pedro Lobol

p. 254/255, back cover: Sopron | Balf Labels, Weingut Weninger, www.weninger.com

Lichtwitz, Büro für visuelle Kommunikation
Mariahilferstraße 101/3/55, 1060 Vienna, Austria
P +43 1 595 4898 0, www.lichtwitz.com

Photos: Gerhard Wasserbauer / Weingut Weninger

p. 10 right, 256–259: Loimer, Fred, Lois Labels, Weingut Fred Loimer, www.loimer.at

Andreas Burghardt
Mariahilferstraße 105, 1060 Vienna, Austria
P +43 1 596 9633, www.burghardt.co.at

Photos: Robert Herbst

p. 260/261: Red Label, Weingut Heinrich, www.heinrich.at

Stefan Wassak
Delugstraße 7/4/3, 1190 Vienna, Austria
P +43 0650 320 6212, www.wassak.at

Photos: Weingut Heinrich

p. 262/263: Vin de Constance Historic Bottle, Bottle Reproductio

Klein Constantia Estate
PO Box 375, 7848 Constantia, South Africa
P +27 21 794 5188, www.kleinconstantia.com

Photos: Klein Constantia Estate

p. 266, 267: Merlot, Donatus, Dornier Wines, www.dornier.co.za

Haumann and Smal Design Studio
PO Box 12633, 7600 Die Boord, Stellenbosch, South Africa
P +27 21 880 1851, haumsmal@jaywalk.com

Photos: Dornier Wines

p. 270, 271: 30 Years of Koonunga Hill Series

Penfolds Wines Pty Ltd / **Foster's Group Ltd**
77 Southbank Boulevard, Melbourne, VC 3006, Australia
P +61 3 9633 2000, www.penfolds.com.au

Photos: Penfolds Wines Pty Ltd

p. 272/273: Screw Cap Closures

GlobalCap / **Guala Closures**
Via San Giovanni Bosco 53/55, 15100 Alessandria, Italy
P +39 0131 204 111, www.globalcap-group.com

Photos: GlobalCap / Guala Closures

p. 276: Wine Display

Jade on 36, Shangri-La Hotel
33 Fu Cheng Road, Pudong, Shanghai 200120, China
P + 86 21 68 82 36 36, www.shangri-la.com

Design: Tihany Design, New York, NY, USA
www.tihanydesign.com

Photos: Michael Weber

p. 9 left, 278, 288/289: Wine Tower

Blue Heaven, Radisson SAS Hotel
Franklin-Straße 65, 60486 Frankfurt/Main, Germany
P +49 69 770 1550, www.radisson.com

Design: Tihany Design, New York, NY, USA
www.tihanydesign.com

Photos: Andrea Martiradonna

p. 274 right, 280, 290–293: Wine Silo

Thurston Wine Silo
Queens Lane, Jackson, WY 83001, USA

Design: CARNEY ARCHITECTS, Jackson, WY, USA
www.carneyarchitects.com

Photos: Paul Warchol Photography, Inc.

p. 274 left, 282: vinoThek Wine Cooler

Siemens-Electrogeräte GmbH
Carl-Wery-Straße 34, 81739 Munich, Germany
P +49 89 459 009, www.siemens.com

Photos: Siemens GmbH

p. 274 center, 284, 306: Puzzle Wine Rack

Dagan Design Inc.
Gideon Dagan, Los Angeles, CA, USA
www.dagandesign.com

Photos: James Kayten

p. 275 center, 286/287: Wine Tower

Summit, The Broadmoor
1 Lake Circle, Colorado Springs, CO 80906, USA
P +1 719 577 5896, www.summitatbroadmoor.com

Design: Tihany Design, New York, NY, USA
www.tihanydesign.com

Photos: Andrea Martiradonna

p. 10 center, 294, 295: Vinidor Wine Storage Cabinet
p. 298/299: Gran Cru Wine Storage Cabinet

Liebherr-Hausgeräte Ochsenhausen GmbH
Liebherrstraße 1, 2100 Korneuburg, Austria
P +43 2262 602 454, www.liebherr.com

Photos: Liebherr GmbH

p. 296, 297: Wine Cooler

Viking
7, rue de Copenhague, 67300 Strasbourg, France
P +33 90 22 67 88, www.viking-europe.com

Photos: Viking

p. 300/301: Free-Standing Wine Cooler

Sub-Zero Freezer Company
PO Box 44130, Madison, WI 53744, USA
P +1 800 222 7820, www.subzero.com

Photos: Sub-Zero Freezer Company

p. 302: Modulotheque, Modulocube Wine Storage System
p. 303: Modulorack Wine Storage System
p. 304/305: Sommelier Wine Cabinet

EuroCave AG
Sophienstraße 20, 76530 Baden-Baden, Germany
P +49 7222 139 600, www.eurocave.de

Photos: EuroCave AG

p. 275 right, 311 right: Black Label Wine Rack,
Design: Anders Noergaard
p. 308/309, back cover: Grand Cru Wine Wine Rack,
Design: Erik Bagger
p. 310: Black Label Winetube, Design: Kim Almsig

Rosendahl A/S
Slotsmarken 1, 2970 Hørsholm, Denmark
P +45 4588 6633, www.rosendahl.com

Photos: Rosendahl A/S

p. 307: Pilare Wine Bottle Storage
p. 311 left: Cioso Wine Bottle Holder, Design: Flöz Design

Blomus
Zur Hubertushalle, 59846 Sundern, Germany
P +49 2933 8310, www.blomus.com

Photos: Blomus

p. 8 right, 314: DropStop®, Design: Brian Vang

Schur Inventure A/S
Niels Finsensvej 11, 7100 Vejle, Denmark
P +45 7642 8888, www.schurinventure.com

Photos: DropStop® Basement – Vejle – Denmark

p. 4, 312 left: Wine Cooler, Design: Jakob Wagner
p. 312 center, 316, 325: Wine Thermometer, Design: Jakob Wagn
p. 353: Decanting Pourer Royal, Design: Torben Flanbaum
p. 355: Decanting Pourer Superior, Design: Torben Flanbaum
p. 369 right: Vacuumstopper, Design: Jakob Wagner

MENU A/S
Kongevejen 2, 3480 Fredensborg, Denmark
P +45 4840 6100, www.menu.as

Photos: Menu AS

p. 318: Cork Screw

Design: Peter Holmblad

STELTON A/S
Christianshavns Kanal 4, 1406 Copenhagen K, Denmark
P +45 3962 3055, www.stelton.com

Photos: STELTON A/S

p. 320: Clef du Vin
p. 336: Metal Activ Ball Cork Screw

Screwpull / Le Creuset S.A.S.
902, rue Olivier Deguise, 02230 Fresnoy-le-Grand, France
P +33 3 2306 2222, www.screwpull.com

Photos: Screwpull / Le Creuset S.A.S.

p. 313 right, 322, 372–375: Bottle Totes,
Design: Aaron Lown, John Swartz
p. 358: Drip Collar, Design: Aaron Lown, John Swartz

Built NY, Inc.
520 Broadway, 2nd Floor, New York, NY 10012, USA
P +1 212 227 2044, www.builtny.com

Photos: Built NY, Inc.

p. 313 center, 352: Grand Cru Drop Ring, Design: Erik Bagger
p. 324: Grand Cru Wine Thermometer, Design: Erik Bagger
p. 368: Grand Cru Wine Stopper, Design: Erik Bagger
p. 312 right, 351, back cover: Gran Cru Wine Funnel,
Design: Erik Bagger

Rosendahl A/S
Slotsmarken 1, 2970 Hørsholm, Denmark
P +45 4588 6633, www.rosendahl.com

Photos: Rosendahl A/S

p. 326: K+T Collection Champagne Cooler,
Design: Tihany Design

Tihany Design
135 West 27th Street, 9th Floor, New York, NY 10001, USA
P +1 212 366 5544, www.tihanydesign.com

Photos: Tihany Design

p. 327 left: Houdini Wine Cooler, Design: Ed Kilduff
p. 332, 333: Rabbit Cork Screw, Design: Ed Kilduff
p. 354/355: Wine Pourer, Design: Ed Kilduff

Metrokane
150 East 58th Street, 17th Floor, New York, NY 10155, USA
P +1 212 759 6262, www.metrokane.com

Photos: Robert Quailer (Q Digital Photography)

p. 328: STRUCTURE vinum Wine Tool, Design: Manfred Lang

Richartz GmbH
Mertscheider Straße 94, 42699 Solingen, Germany
P +49 212 232 310, www.richartz.com

Photos: Richartz GmbH

p. 327 right: Prestige Wine Cooler
p. 329: Corkscrew Winemaster
p. 330: Waiter's Friend
p. 354: Wine Server Crystal
p. 367: Vacuum Wine Saver, Wine Saver Concerto

Vacu Vin B.V.
Kalfjeslaan 68, 2623 AJ Delft, Netherlands
P +31 15 262 6926, www.vacuvin.com

Photos: Vacu Vin B.V.

p. 330/331: Château Laguiole Cork Screw,
Design: Richard Anselmo

Laguiole
221D, route de Bouleau, 69126 Brindas, France
www.laguiole.com

Photos: Richard Anselmo

Enjoying**Wine**

p. 331: James Butler's Knife
p. 359: Wine Collar with Magnet
p. 369 bottom left: Luca Quick Release Fastener

Philippi GmbH
Niendorfer Weg 11, 22453 Hamburg, Germany
P +49 40 557 6370, www.philippi-design.de

Photos: Philippi GmbH

p. 10 left, 313 left, 348: Kult Wine Decanter, Kult Red Wine Glass
p. 334 top: Metric Waiter's Knife
p. 334 bottom left: Metric Cork Screw
p. 335: Metric Wing Cork Screw
p. 355 right: Metric Drop Ring

WMF Württembergische Metallwarenfabrik AG
Eberhardstraße, 73309 Geislingen/Steige, Germany
P +49 7331 251, www.wmf.de

Photos: WMF AG

p. 7 center, 337 top: Cork Screw
p. 338: Elegance Decanter
p. 339: Decanter Stand, Decanting Funnel Set

cilio tisch-accessoires GmbH
Höhscheider Weg 29, 42699 Solingen, Germany
P +49 212 658 250, www.cilio.de

Photos: cilio GmbH

p. 337 bottom: Vertica Set, Design: DesignIt
p. 340: Glass Vine Carafe, Design: Ole Palsby

Georg Jensen AS
Søndre Fasanvej 7, 2000 Frederiksberg, Denmark
P +45 3814 9898, www.georgjensen.com

Photos: Georg Jensen AS

p. 341: MAXX Decanter
p. 349: Decanters
p. 362, 363: Wine Glasses and Goblets
p. 364: JULIA PAOLA Wine Glasses and Goblets
p. 365: Champagne Flute and Hocks

F. X. Nachtmann Bleikristallwerke GmbH
Zacharias-Frank-Straße 7, 92660 Neustadt, Germany
P +49 9602 300, www.nachtmann.de

Photos: Nachtmann GmbH

p. 342–345: Cornetto Magnum Decanter, Tasting Glass
p. 346, 347: Wine Decanters
p. 360, 361: Sommelier Collection Wine Glasses

Riedel Glas Austria
Weissachstraße 28–32, 6330 Kufstein, Austria
P +43 5 372 648 96, www.riedel.com

Photos: Riedel Glas / Austria

p. 334: Vinotto Cork Screw, Design: stotz-design.com
p. 350: Pavo Decanting Funnel, Design: stotz-design.com
p. 369 top left: Vinotto Bottle Stop, Design: stotz-design.com
p. 370: Seamo Bottle Carrier, Design: Flöz Design
p. 371 top: Cino Wine Bottle Holder, Design: stotz-design.com
p. 371 center: Wires, bottom: Opold, Bottle Holders,
Design: Flöz Design

Blomus
Zur Hubertushalle, 59846 Sundern, Germany
P +49 2933 8310, www.blomus.com

Photos: Blomus

p. 9 right, 356, 357: Wine Ties, Design: Akantus
p. 366: NIPO Wine Stopper, Design: Akantus

Troika domovari GmbH
Nisterfeld 11, 57629 Müschenbach, Germany
P +49 2662 951 10, www.troika.de

Photos: Troika GmbH

Other Designpocket titles by teNeues:

African Interior Design 978-3-8238-4563-8
Airline Design 978-3-8327-9055-4
Asian Interior Design 978-3-8238-4527-0
Bathroom Design 978-3-8238-4523-2
Beach Hotels 978-3-8238-4566-9
Boat Design 978-3-8327-9054-7
Café & Restaurant Design 978-3-8327-9017-2
Car Design 978-3-8238-4561-4
Cool Hotels 2nd Edition 978-3-8327-9105-6
Cool Hotels Africa/Middle East 978-3-8327-9051-6
Cool Hotels America 978-3-8238-4565-2
Cool Hotels Asia/Pacific 978-3-8238-4581-2
Cool Hotels Cool Prices 978-3-8327-9134-6
Cool Hotels Ecological 978-3-8327-9135-3
Cool Hotels Europe 978-3-8238-4582-9
Cool Hotels Romantic Hideaways 978-3-8327-9136-0
Food Design 978-3-8327-9053-0
Garden Design 978-3-8238-4524-9
Kitchen Design 978-3-8238-4522-5
London Apartments 978-3-8238-5558-3
New Scandinavian Design 978-3-8327-9052-3
Pool Design 978-3-8238-4531-7
Product Design 978-3-8238-5597-2
Rome Houses 978-3-8238-4564-5
Shop Design 978-3-8327-9104-9
Ski Hotels 978-3-8238-4543-0
Spa & Wellness Hotels 978-3-8238-5595-8
Sport Design 978-3-8238-4562-1
Staircase Design 978-3-8238-5572-9
Sydney Houses 978-3-8238-4525-6

Each volume:

13.5 x 19 cm, 5 ¼ x 7 ½ in.
400 pages
c. 400 color illustrations